子ども学がやってきた

髙橋弥生
[編著]

一藝社

まえがき

　目白大学に子ども学科が誕生したのは平成15（2003）年で、当初は3年制の短期大学であった。当時子ども学科という名称の学科・学部は他になく、非常に珍しかったように思う。その後、続々と"子ども"という名称を冠した学校ができはじめ、現在では保育者養成校ではありふれた、そして違和感のない名前となった。

　子ども学科ができる以前、保育者養成の学部・学科の名称は、主に「保育」「幼児教育」などの用語が使用されていたのだが、「子ども」に移行してきた理由はどこにあるのだろうか。単に現代の若者が受け入れやすいように柔らかい響きの言葉を選んだのではないはずである。そこには、「子ども学」という学問の確立が求められる時代背景があり、そしてそれに応えるように、子どもに関する研究が深化してきたからではないのか。

　2年ほど前に我々は、子ども学科として「子ども学」とは何かというテーマをもっと掘り下げる必要性を感じ始めた。なぜなら、卒業時に「子ども学士」の称号を授与される学生が、「子ども学」とは何か、大学で学んだ学問はどのようなことか、といったことを語れるようになってほしかったからである。そこで、学科教員が先行研究のレビューをし合い、学び合う時間を設けた。しかし、学び始めた途端に、その奥深さ、幅広さに立ち往生してしまった。

　当たり前のことであるが、「子ども学」はさまざまな学問分野に関連する、非常に学際的な学問なのである。しかしそれは、それぞれの専門分野を寄せ集めたものでは決してない。また、これまでの幼児教育学や保育学を含有する大きな学問でもある。世間にやっと認知され始めた学問ともいえる。そのような「子ども学」の難しさを実感したのである。

　同時に、「子ども学」を探求する面白さにも気づき始めた。「子ども学」はさまざまな学問が集まって成り立つのではなく、子どもという不思議で偉大な存在を少しでも理解するために、さまざまな学問がつながりながら、多角的に研究されるべきものであるだろう。

中心は「子ども」である。ゆえに、同じ存在は二つとないから面白いのではなかろうか。研究者の見解がまとまりにくい学問であるともいえる。つまり難しいのである。

＊

本書『子ども学がやってきた』は、学生に「子ども学」とは何かを考える視点を持たせることを目的として作成した。子ども学科の教員がおのおのの研究に根差した内容で各章を執筆している。

序章では、歴史的に「子ども」がどのようにとらえられていたかといった点について触れ、現代の子ども観に至った流れを大まかに伝えている。

第1部は、子どもの発達について保育現場ともつながる内容を三つの側面から示している。第2部は、子どもの表現活動について、音楽・美術・体育の視点から述べている。第3部は、子どもを取り巻く環境に着目した内容を取り上げている。そして終章は、これからの保育界の変化を見通して、特に幼児期の教育について具体的に触れている。

本書を読み、現場に立ち、触れ合った子どもを理解するために再度、本書を手に取る、といった使い方をしてもらえればありがたい。保育は、保育者養成校のカリキュラムを通して学んだ内容が一体とならなければできないものである。しかし、それを一体的に学ぶ科目も教科書も無かった。本書は、学生のバラバラな学びが統合されるための手引きになるだろう。また、実習などを通して関わった子どもについて、より深く理解するための参考書にもなるだろう。

「子ども学」とは、前述のとおり難しい学問である。本書はまだまだ未熟な内容であり、多数の著者で作成したことで統一感に欠ける点も多い。今後、学生の反応を真摯に受け止めながら、本書をさらにブラッシュアップし、「子ども学」を探求していきたいと思う。

本書は、目白大学学術図書助成金により刊行されている。目白学園の支援に心より感謝申し上げたい。また、本書の出版に快く応じてくださった一藝社菊池公男社長、編集にご尽力いただいた松澤隆さんに、厚く御礼申し上げる次第である。

　　　2017年11月吉日　　　　　　　　　　　　目白大学 人間学部子ども学科
　　　　　　　　　　　　　　　　　　　　　　　　学科長　　髙橋 弥生

目 次

まえがき 3

序章　子ども学とは何か　9
  1　はじめに　9
  2　「子ども」を対象とした学際的な学問　10
  3　「子ども学」をどう捉えるか　15
  4　おわりに　17

▶第1部　　　　子どもの発達の諸側面

第1章　子どもの成長発達　20
  第1節　成長発達の原則　20
  第2節　子どもの成長発達と保育　23
  第3節　子どもの成長発達の評価　28

第2章　保育とアタッチメント　31
  はじめに　31
  第1節　保育所養育は、子どもの第1養育者(例えば母親)へのアタッチメント形成を不安定化させまいか？　33
  第2節　保育士は乳幼児のアタッチメント対象になりえるのか？——それをどのように実証すればよいのか？　35
  第3節　もし保育士が乳幼児のアタッチメント対象になりえたとして、そのアタッチメントの質は、乳幼児のこころの発達に影響を与えるのであろうか？　37
  第4節　議論　39

第3章 基本的生活習慣からみる乳幼児の発達　46

第1節　基本的生活習慣とは　46
第2節　基本的生活習慣の自立の標準年齢　47
第3節　社会的生活習慣の状況　54

▶第2部　子どもの表現

第4章 子どもの運動遊び　58

第1節　幼児期運動指針　58
第2節　子どもの遊び　61
第3節　子どもの運動遊び　62

第5章 子どもを育てる音楽　69

第1節　子どものにとっての音・音楽　69
第2節　子どもと器楽の世界　74
第3節　子どもの姿から育てる音楽　78

第6章 造形表現　79

第1節　表現とは　79
第2節　子どもの絵の発達段階（擦画期から図式期）　84
第3節　幼児期における感覚機能の発達　88
第4節　まとめ　91

▶第3部　　子どもを取り巻く環境

第7章　幼児教育における「自然」の効果とこれから　94
　第1節　自然との関わりと変化　　94
　第2節　幼児教育の中の自然の位置づけ　　96
　第3節　自然との関わりによる子どもの成長　　100
　第4節　動物飼育から期待される効果と課題　　100

第8章　入院加療している子どもと保育　104
　第1節　入院加療による患児と家族の体験　　104
　第2節　小児医療チーム　　106
　第3節　医療保育士の資格と役割　　109
　第4節　医療における子どもと保育　　111

終章　幼児教育における主体的学びとは　115
　第1節　幼稚園教育要領、保育所保育指針、幼保連携型認定こども園教育・保育要領の改訂・改定に伴う幼児教育の位置づけ　　115
　第2節　幼児教育における主体的学びとは　　120

あとがき　　125
制作委員・執筆者紹介　　126

カバー＋表紙＋扉イラスト── おかもと・みわこ
装丁＋図版作成 ────────── アトリエ・プラン

序章

子ども学とは何か

和田上 貴昭

1　はじめに

　「子ども」という用語は多義的であり、用いる状況や文脈によって異なる意味をもつ。例えば「私の子ども時代」と言った場合、それがその人の就学時前を指す場合もあれば、小学校に通っていた時期を指す場合もある。また「私の子ども」と言った場合には、子どもの年齢に関わりなく血縁上または戸籍上の関係を指す。50歳になってもその人の親から見れば、その人は「子ども」である。

　また、「子ども」である時期を表す「子ども期」または「児童期」についても、様々な理解がある。社会福祉施策において「子ども」は児童と同義であり、児童福祉法において児童が出生から18歳未満を指すため、その年齢の人として表現される。

　しかし、「児童期」を辞典で調べると「生後6年から12年までの小学校時代をいう。」(『ブリタニカ国際百科辞典』)とあり、小学校に通う年齢の時期を指すこととされている。「子ども」という語を用いる際には、その

定義を明確にすることが必要になる。

近年、学際的な学問として認識されている「子ども学」はどうであろうか。時代やその人の学問的背景によって多義的な意味を持って用いられている。「子ども」および「子ども」を取り巻く状況を研究対象としている学際的な学問である点は共通しているが、その「子ども」の定義については必ずしも明確にされていない。

本章においては、「子ども学」が対象とする「子ども」について、特にその年齢をどのように捉えているのかを社会福祉学の立場から明らかにすることを目的として検討していく。

2 「子ども」を対象とした学際的な学問

(1) 子ども期の区別

子どもが現在認識されているような、保護されるべき対象として社会的に認識されるようになったのはそれほど昔のことではない。アリエス（Ariès, 1960）によると中世ヨーロッパにおいては、「子ども」は大人と同じ服装をし、大人と同じように労働に従事していた。当時の「子ども」は、役に立たない人であり、早く過ぎ去ることが期待された時期であったという。この見解に対しては、多くの反論があることが知られる。親の情緒的なつながりや地域の中で大切に育てられている様子を記した史料をもとにした反論である。

しかしながら「子ども」が現在のように、保護の対象として一般的に認識され、制度化されたのは産業革命以後であることから、社会的に立場の弱い「子ども」が当時の社会の中で人権を認められ、社会の保護（福祉的な支援）を受けていなかったことは、明らかである。

イギリスにおいて産業革命の時期、「子ども」は大人と同様に、工場で昼夜を問わず働かされていた。現在のような大人との区別が明確ではなく、労働能力が低いために低賃金で働くことを強いられる存在であった。こう

した状況に対して、人道的な立場から「子ども期」は保護されるべき時期であり、教育の提供が必要であるとの考え方が示された。

そしてそれに賛同した人々による「子ども」の労働時間や就労の時間帯などの労働条件を軽減しようとする動きが起き、1802年に「綿工場およびその他の工場に雇用される徒弟およびその者の健康と道徳の保護のための法律」が、そして1833年にいわゆる「工場法」が成立した。

こうした法律の施行により、「子ども」を大人とは異なる保護の対象となる存在、そして教育を施すべき対象とされた。なお、1833年「工場法」では、9歳未満の児童の雇用の禁止や、18歳未満の年少者の労働時間の制限（1日12時間）、13歳未満の児童の労働時間の制限（1日8時間）、18歳未満の年少者・児童の夜間労働の禁止などが記されている。

時期やその目的の仔細はその国の状況によるが、こうした「工場法」は欧州各国で制定された。プロイセン（ドイツ）では1839年に「工場内の年少労働者の就業に関する1839年3月9日の条令」が公布され、満9歳未満児童の工場等における雇用の禁止、9歳以上16歳未満児童の10時間労働への制限と夜間労働等の禁止などが規定されている（**対馬**, 1978,178）。

日本においても1911（明治44）年に「工場法」が成立し、「12歳未満の年少労働者の就業禁止、年少労働者・女子の12時間以上の労働禁止、深夜業も禁止された」（**谷敷**, 2007,31）。この時期は日本における義務教育制度の確立期（**菅並**, 2002）でもある。「子ども」を保護（福祉的な支援）の対象とし、教育の対象であることとしたこの時期に、「子ども」が大人と異なる存在であることが社会的に認知されたと言ってよいだろう。

なお、「子ども」とされる年齢であるが、「工場法」の保護対象年齢の違いにも見られるように、それは文化的、時代的そして政治的な状況に左右されるため、一様ではない。上記の「工場法」においても、9歳や12歳、16歳などの年齢が登場する。また、日本において「工場法」と同時期の「感化法」（1911［明治44］年制定）に規定されている感化院（不良行為をする児童を入所させ、更生を目指す施設）において、その対象は8歳以上16歳未満とされており、保護（福祉的な支援）の対象とされる年齢は「工場法」と異なる。1886（明治19）年公布の小学校令における小学校の対象年齢は、

6歳から14歳であった。大人とは異なる存在としての「子ども」であるが、その年齢区分は一様ではなかった。

　ただし教育および保護（福祉的な支援）の対象として、「子ども」が大人と区別されたことは、人の生涯の中でこの時期がそれ以外の時期とは異なる特殊性を持つとして社会的に認識されたことを意味する。そして、この異なるという認識が子どもを研究の対象とするきっかけになる。

(2) 学際的な学問の登場

　様々な研究領域において「子ども」を研究対象とした文献は古くから見られるが、ヨーロッパの国々で「工場法」施行後の19世紀末に「子ども」を研究の対象とする学問を構築しようとの動きが生じる。

　Child Studyは、「健常な子どもの発達原理」を解明することを主たる目的とした研究として、子どもの健康と福祉の増進を目指す多くの社会運動と連携しながら発展した。「当初は教師、親、聖職者、心理学者、教育行政官、医者、精神科医、児童福祉関係者ら子どもと関わる様々な職種の人々が専門の枠を超えて研究運動に参加していた」（首藤2014, 66）学際的な研究の取り組みである。しかし「20世紀に入り、心理学者と医者が児童研究の科学化を名目に専門家ではない素人を排除した結果、Child Studyは子どもの発達の科学すなわち発達心理学となっていった」（首藤, 2014, 66）。つまり学際的な要素が排除されていった。

　一方で「子どもを対象とした研究領域の寄せ集めとしての『児童研究』であることへの不足感が指摘され、子どもの存在そのものを軸とする一学問としての成立を企図した『児童学 Paidology』が考案され」（田澤, 2011,30）ている。これは19世紀末のアメリカで考案された「児童を対象とする科学」であり、「科学的手法と厳格な体系的枠組みを重視し、児童を親子や家族から切り離して捉える傾向をもつ」（斎藤, 1995,111）。しかしながら「児童を親子や家族から切り離して捉える」ことに対する批判が生じ、継続的な取り組みは見られなかった。

　Child Studyや Paidologyが研究対象とする、「子ども」という人間発達における特徴的な時期は、同様に保護（福祉的な支援）や教育が必要な時

期でもある。そのためこれらの学問では、身体の発育や情緒的発達、教育の方法などを含む認知の発達過程など、この時期特有の事柄に研究の焦点が当てられることとなった。

ただしこれらの学問（本章では「児童学」とする）は目的としては学際的であったが、研究者ごとにそれぞれの研究方法が用いられ、取り組まれたため、一つの学問としてまとまりを有することは困難であった。「子どもの疾病の予防・治療は小児医学、身体や健康の維持・増進は小児保健、心の発達過程の解明は発達心理学、学校教育全般については教育学、子ども向けの読み物や絵、歌、教材や娯楽活動を扱うのは児童文化、特別な支援や保護が必要な子どもの問題解決に対しては児童福祉や臨床心理が担うようになり、それぞれの領域で発見された問題に対しては、それぞれの領域の方法論に則って解決が図られていくこと」(首藤, 2014, 66-67)になったのだ。

(3)「子ども学」の登場

近年、「子ども」を対象とした学際的な学問体系を構築しようとする動きが活発になってきている。日本では小林登が「子ども学」(Child Science)の構築を目指している。Child Scienceについて小林は以下のように説明している。「子どもはいつでもどこでも危機にあり、育児・保育・教育が十分に機能しないと、子どもの体の成長、心の発達は損なわれることがある。すなわち、"Children at Risk"と言える。

子どもの成長・発達を確かなものにするには、当然のことながら科学的基盤を作り上げなければならない。それに必要なのが「子ども学"Child Science"である」(小林, 2009,1)。そして、やらなければならないこととして、「児童の権利に関する条約」を踏まえた新しい児童観の確立、当面する子ども問題（虐待など）の解決、そして、「チャイルドケアリング・デザイン」である。「チャイルドケアリング・デザイン」は、子どもを取り巻く環境すべてのデザインであり、都市計画や教具・遊具、教育制度、少子化対策など多岐にわたる。子どもが安全に養育されるためには、学際的な取り組みが必要となるということである。

さらに1990年代以降、「子ども学」(Childhood Studies)という考え方

も示される。首藤（2014）によれば、Childhood Studiesでは、「子どもの未熟さとその成長発達」とともに、「子ども期に関する文化的信念、表象、言説」が研究対象となる学問である。1989年に国連で採択された「児童の権利に関する条約」が前提としている「子ども・子ども期の観念が学術的な見地および社会の実態に即して果たして妥当なものといえるのか」（首藤, 2014,68）との疑問がきっかけとなり体系化が始まったとされている。Child Science同様に「児童の権利に関する条約」を踏まえた新しい「子ども」観の確立が重要な概念になっている。

　こうした新たな「子ども」を対象とした学際的な学問は、個々の研究領域における研究成果、例えば医学や心理学などにより明確になった生理的な側面だけでなく、社会に生きる存在としての側面をも含めた総合的な観点を持つことが、「子ども」を理解する上で重要であることを表している。さらに「児童の権利に関する条約」以降、「子ども」の社会における捉え方は大きく変わった。社会において「子ども」はその生物的、社会的な「弱さ」が着目され、保護の対象とされた。これが「子ども」が大人と区別される起点となったのであるが、この条約において「子ども」は単なる保護（福祉的な支援）の対象ではなく、権利を行使する主体としての側面が強調されている。「意見を表明する権利（第12条）」や「表現の自由についての権利（第13条）」などがその代表とされる。これらは大人であれば当然尊重されている基本的人権であるが、「子ども」に対するパターナリズム的な視点が社会に定着していたことから、「子ども」の「強さ」という側面が見過ごされてきたために、これまで尊重されることが少なかった。

　さて、「子ども」の「弱さ」に着目されたことから「子ども」は大人と区別された。それにより、大人とは異なる存在を研究対象とする学際的な取り組みであるChild StudyやPaidologyのような児童学が生じた。近年のChild ScienceやChildhood Studiesといった「子ども学」は、「児童の権利に関する条約」における考え方を基盤に、パターナリズム的な視点からの脱却を目指す。そこで課題として生じるのが、研究対象としての「子ども」の時期であろう。

　保護の対象として捉えるのであれば社会的な自立可能な時期までを扱う

ことが妥当とされる。そのため、「児童学」は、社会的に保護の対象となる青年期に至る前の「子ども」、特に誕生から初等教育の期間を主たる対象としていた。「強さ」に着目した場合、課題となるのは大人とどのように区分するのかが課題となる。権利を行使する主体としての存在であると同時に、保護の対象にもなり得るという点で、「子ども学」における「子ども」の期間は「児童学」が対象としていたものとは異なる。

3 「子ども学」をどう捉えるか

(1)「子ども学」の対象としての「子ども期」

「児童の権利に関する条約」において児童は原則として18歳未満を意味する。「子ども期」の上限を考える場合、この年齢が一つの指標となることは確かであろう。多くの国において、18歳は成人の年齢である。そういった意味では妥当であろうが、高学歴化の中で特に先進諸国において経済的な自立が可能となる年齢は18歳よりも遅くなっている。

現代の「子ども」は保護という観点からみると、どのくらいの年齢までが対象なのであろうか。

社会福祉施策の一つに社会的養護（代替的養護）がある。これは虐待等により親等の保護者と暮らすことが困難な児童を対象とし、国が保護し、その養育および生活の場を保障するというものである。「児童の権利に関する条約」第20条に規定された児童の権利として保証されているものであり、里親と施設がその役割を分け合い、子どもたちの養育にあたっている。日本の場合、児童養護施設などの施設がその役割の多くを担っているが、この施策を規定している「児童福祉法」における対象年齢が18歳未満となっているため、18歳で入所による支援が原則として終了する。しかしながら近年、児童養護施設等の退所後の生活状況の不安定さが指摘され、満20歳まで措置延長できるよう法改正がなされている。

他の先進諸国においても同様の取り組みが行われている。イギリスでは、

18歳の誕生日までが養護の対象となるが、18歳から21歳（学業を続ける場合は25歳）のケアリーバー（社会的養護のケアを受けていた人）に対して、個別アドバイザーがつき、一緒に自立プランを策定することになっている。アメリカ（フロリダ州）では、18歳の制限年齢を超えた対象者も、21歳まで継続して引き続きフォスターケア（里親養育）を受けることが可能となっている。ドイツでも、本人の申請に基づき21歳まで支援（施設入所もしくは里親養育）を延長することができる（**みずほ情報総研**, 2017）。

「子ども」が「子ども」たるゆえんの一つに養育の対象であることがあげられる。社会的養護は国の責任において「子ども」を養育する。その養育の対象となる期間は「子ども」であると考えて差し支えないであろう。各国の社会的養護施策に見られるように、18歳で法律上成人しても、保護（福祉的な支援）の対象として継続することは妥当である。権利を行使する主体としての力を持ちつつも、社会の中において「保護」が必要な側面が見られる。これが現代の「子ども」であり、「子ども学」の研究対象とするところであろう。その年齢はもはや法律上は成人後の時期をも含むと考えて良いであろう。

これまで「子ども期」について検討してきたが、「子ども学」自体は学際的な学問であり、社会福祉学からだけの検討という点では十分な議論にはなっていない。「子ども期」についてさらに他の学問からの検討が必要であろう。

(2)「子ども学」の研究方法

本章では十分な議論ができないが、「子ども学」を捉える視点として、「子ども期」がいつか、ということだけではなく、研究対象や研究方法についても検討が必要であろう。

児童虐待という事象を例に考えてみよう。精神医学や臨床心理学からは、加害者である親の過去の体験が虐待行為の背景にあると考え、それを検証する研究が行われるかもしれない。保健学からは母子関係におけるストレスを主たる要因として捉え、その状況を分析する研究が行われるかもしれない。発達心理学では、「子ども」の自我の芽生えが親のストレスを誘発

していると考え、研究が行われるかもしれない。社会福祉学からは、この家族がどのような社会資源を有しているかという点に着目し、社会資源の拡充のための方策に関する研究が行われるかもしれない。このように一つの事象に対するアプローチの方法や明らかにすべき課題は異なる。しかしこれらの知見を総合することによって、児童虐待という事象を多面的に捉えることが可能になる。

多面的に捉えるためには、「子ども学」としての共通基盤を持つことが必要となる。これまで見てきたとおり、現代の「子ども学」研究においては、「子ども期」に対する共通認識を持つこと、そして、「児童の権利に関する条約」の精神を同一の価値として共有することが必要となる。

4　おわりに

「子ども学」はまだ学問としての体系化が十分とはいえず、本章において述べた事柄は試論に過ぎない部分もある。ただし、さまざまな学問が「子ども」を総合に捉える試みは十分に意義のあることといえる。

日本において「子ども学」を総合的に学べる場としては、保育士や幼稚園教諭の養成課程がある学校があげられる。資格取得のための必修科目は「子ども」に焦点化したそれぞれの学問から成り立っており、「子ども学」を構成している科目の集まりであると言っても良いであろう。保育士や幼稚園教諭の養成課程にある学生は、それぞれの学問を通して「子ども」に対する知見を深めることが可能である。

【参考文献】
大泉溥「子ども学の源流を訪ねて ——「児童学」の生成と発展」『白梅子ども叢書②』白梅学園大学子ども学研究所、2009年、pp.19-20
小林登「子どもに未来である、甲南女子大学国際子ども学研究センターの設立10周年をお祝いして」『子ども学』(11)、2009年、pp. 1-3

斎藤薫「パイドロギー わが国における生成期の児童学」『日本家政学会大会研究発表要旨集』47、1995年、p.111

菅並茂樹「小学校令及び工場法の学齢児童就学規定をめぐる論議の検討」『東北生活文化大学三島学園女子短期大学紀要』33, 2002年、pp.113-119

首藤美香子「子ども研究の新潮流 —— Childhood Studies を中心に」『白梅学園大学・短期大学紀要』50、2014年、pp.65-79

首藤美香子「英語表記にみる子ども学の多層性（子ども学試論2）」『地域と子ども学』3、2010年、pp.80-84

谷敷正光「工場法、改正工場法の制定と学齢児童労働者 —— 綿糸紡績業を中心に」『駒沢大学経済学論集』38（3）、2007年、pp.29-65

對馬達雄「プロイセン初期工場法の成立とブルジョアジーの民衆教育観の変容」教育学研究 45（8）、1978年、pp.175-185

中村勝美「「子ども学」研究の現在 —— 1990年から2009年までを中心に」『西九州大学子ども学部紀要』1、2010年、pp.49-61

新田司「「子ども学」の変遷と課題」『千葉敬愛短期大学紀要』31、2009年, 89-104

古川孝順『子どもの権利 —— イギリス・アメリカ・日本の福祉政策史から』有斐閣、1982年

みずほ情報総研株式会社『平成28年度子ども・子育て支援推進調査研究事業　社会的養護関係施設等における18歳以上の支援のあり方に関する研究報告書』2017年

Ariès, Philippe, L'Enfant et la vie familiale sous l'Ancien Régime, Seuil. 1960.（邦訳：杉山光信・杉山恵美子訳『〈子供〉の誕生——アンシァン・レジーム期の子供と家族生活』みすず書房、1980年）

Cunningham, Hugh, Children and childhood in western society since 1500, Pearson Education, 2005.（邦訳：ヒュー・カニンガム著、北本正章訳『概説 子ども観の社会史 —— ヨーロッパとアメリカにみる教育・福祉・国家』新曜社、2013年）

Paula S. Fass, editor in chief. Encyclopedia of children and childhood : in history and society　Macmillan Reference USA, 2004.（邦訳：ポーラ・S・ファス編、北本正章監訳『世界子ども学大事典』原書房、2016年）

（わだがみ・たかあき）

第1部

子どもの発達の諸側面

第1章

子どもの成長発達

福永 知久

　子どもは常に成長発達の過程にある。成長（growth）とは、身長や体重の増加といった量的に測ることのできる形態的な変化を指す。一方、発達（development）とは、量的な変化に加えて質的な変化を含んでおり、身体的な成長や経験に基づいた運動機能や言語機能などの成熟に向かった変化、すなわち、機能や能力が質的に増加していくことを指す。子どもの健康や福祉に関わる専門職は、子どもの成長発達の一般的な特性と過程を十分に理解することが必要であり、さらに、一人ひとりの成長発達過程を見通して関わることが求められている。

第1節　成長発達の原則

　子どもの成長と発達は、互いに関連をもちながら進行していく。成長発達には個人差があり、早い子どももいれば遅い子どももいるが、それでも両者に共通した一定の原則がある。

1. 順序性がある

　成長発達は遺伝子によってコントロールされており、規則正しい順序で進む。例えば、受精卵から胎児期における身体的な成長は、一定の段階を踏み、異常がなければほぼ同じ在胎期間を経て出生に至る。出生後の運動機能についてみてみると、首がすわり、それからお座りができるようになり、さらにつかまり立ちを経て歩くようになる。これらの成長発達が逆行することはなく、その後も一定の順序性をもって成長発達が進む。

2. 方向性がある

　成長発達には基本的な方向性があり、頭に近い部分から足の方向へ、また、身体の中心から指先の方向へと進んでいく。前述した運動機能について見てみると、まず首がすわり、それから意識的に体を動かす随意運動が下半身に及び、腰や足がしっかりしてくる。手足の運動発達も、指先の運動へと進み、粗大な運動から微細な運動へと成長発達していく。このように、成長発達は、常に一定の方向性をもって進行する。

3. 連続性及び速度の多様性がある

　成長発達は受精から連続的に進む一連の出来事であるが、その速度が急速な時期もあれば緩慢な時期もあり、常に一定の速度で進むわけではない。また、各器官によっても成長発達の速度は異なる。スキャモン（R.E.Scammon 1883〜1952）は、出生後の成長のパターンをその特徴から4つの型（リンパ系型、中枢神経系型、一般型、生殖器型）に分類し、出生時を0％、成長の到達年齢となる20歳の状態を100％として図式化した（**図表1-1**）。4つの型の発育曲線を見ると、成長速度の多様性が明らかである。

図表1-1　スキャモンの4つの型と臓器別発育曲線

リンパ系型	リンパ節 胸腺	
中枢神経系型	脳 脊髄 視覚器 頭径	
一般型	骨格 筋肉 呼吸器 消化器 循環器 血液量	
生殖器型	子宮 卵巣 睾丸 前立腺	

出典：[大西、2012] を基に一部加筆

4. 決定的に重要な時期がある

　器官及び機能の成長発達には、臨界期（感受期）と呼ばれる重要な時期がある。例えば、ボウルビィ（J.Bowlby 1907〜1990）の愛着（アタッチメント）理論では、乳児期（誕生〜1歳）の子どもと養育者の間の絆は、子どもの人格発達に影響を与えることが明らかにされている。子どもは、乳児期における養育者との相互作用の経験の中で、自分の要求が満たされたかどうかに基づいて対人関係のパターンや依存傾向などを獲得していく。エリクソン（E.H.Erikson 1902〜1994）の自我発達理論でも、乳児期の達成すべき目標（発達課題）として基本的信頼感の獲得が挙げられている。つまり、乳児期は、対人関係の形成に関わる成長発達の臨界期であり、最も感受性が高まっている重要な時期である。この時期に成長発達が妨げられると、将来にわたって断続的な機能障害などが残る可能性が出てくる。

5. 個人差がある

　成長発達が進むと、人それぞれの個別性に基づいた個人差が大きくなっていく。このような、個別性は、遺伝的要因と環境的要因（家庭環境、社会環境、健康状態など）の複雑な相互作用によるもので、成長発達が進むにしたがってはっきりしてくる。それぞれの発達段階で習得しておくべき課題に応じた経験を促すことで、学習及び発達は促進される。

第2節　子どもの成長発達と保育

　各年齢の成長発達の特徴を理解し、子どもの成長発達の段階を的確に把握することは、健やかな子どもの育ちを支え、生涯の健康の基盤づくりを目的とする保育の基本である。

1. 形態的成長発達

（1）身体成長の経過

　乳幼児期は、身体成長が著しい時期であり、一生の中で最もダイナミックな成長を遂げる。体重は生後3か月で約2倍、1年で約3倍となり、身長も生後1年で約1.5倍になる**（図表1-2）**。

（2）脳の構造

　脳の神経細胞の多くは出生前に分裂を終了しているが、出生時約400gの脳重量は、生後6か月で約2倍、3歳で約3倍となり、5歳で成人の約90％に達する（成人男性は約1,400g、成人女性は約1,200g）。
　1歳6か月頃までの乳幼児には、頭蓋骨の間に泉門と呼ばれる間隙がある。頭頂骨と後頭骨に囲まれた小泉門は、平均で生後3か月頃までに閉じ、頭頂骨と前頭骨に囲まれた大泉門は1歳6か月頃に閉鎖する。

図表1-2　出生時の比較と目安

	身長	体重	頭囲	胸囲
出生時	約50cm	約3kg	約33cm （　頭囲　＞	約32cm 　胸囲　）
3か月	－	約6kg （約2倍）	－	－
1歳	約75cm （約1.5倍）	約9kg （約3倍）	約46cm （　頭囲　≒	約46cm 　胸囲　）
4歳	約100cm （約2倍）	約15kg （約5倍）	約50cm （　頭囲　＜	約52cm 　胸囲　）

出典：［厚生労働省雇用均等・児童家庭局、2011］を基に筆者作成

(3) 生歯

歯は、妊娠初期から形成され始める。乳歯は、生後6〜8か月頃に生え始め、2〜3歳で上下10本ずつ計20本が生えそろう。乳歯は、5〜6歳頃から抜け始め、同時に永久歯が生え始める。

2. 生理機能の発達

(1) 体温

乳幼児は、新陳代謝が盛んなため、成人に比べて体温が高めである。また、成人に比べて体表面積が大きく皮下脂肪が少ないことから、環境（室温や衣類など）の影響を受けやすい。

(2) 呼吸

子どもの呼吸法は、乳児期は横隔膜運動に依存する腹式呼吸、3〜7歳の幼児期は胸腹式呼吸、その後、胸筋の発達が進むにつれて胸式呼吸へと変わっていく。

(3) 循環

年齢が低いほど心拍数が多い。これは、低年齢においては、心臓が小さいにも関わらず組織の酸素消費量が多く、心拍数を多くすることによりこれに対応しているためである。また、心拍数は、哺乳、啼泣、睡眠などにより容易に変動する。

(4) 水分代謝

体重に占める水分量は新生児で約80％、乳児で約70〜75％、成人では約60％である。子どもは、体表面積が成人に比べて大きいため皮膚から蒸発する水分（不感蒸泄）が多いことや、年齢が低いほど体重に占める細胞外液の割合が高いことから、脱水症になりやすい。

(5) 神経・反射

反射は神経系の発達に関連している。出生時の神経の発達は脊髄脳幹レベルであり、この時に見られる反射が原始反射である。原始反射には、モロー反射、把握反射、吸啜反射、緊張性頸反射などがある。これらの原始反射は、大脳皮質の発達に伴って生後2〜4か月に消失し始める。消失時期の遅れは、神経系の発達の遅れや中枢性運動障害を表していることがある。

3. 運動機能の発達

(1) 粗大運動

粗大(そだい)運動とは、体幹や手足などの比較的大きな筋肉群を用いた身体全体の動きを伴う運動である。新生児における運動の多くは反射運動であるが、生後3～4か月で反射運動は減り、首すわりから歩行へと順次機能を獲得していく。

(2) 微細運動

微細(びさい)運動とは、顔の表情や手指の動きを中心とした運動である。新生児期に見られた把握反射は、生後3～4か月までに消失し、生後6か月では手全体で積み木などを握ることができるようになる。その後、手指などの比較的小さな筋肉を用いて、つかむ、つまむなどの運動を行うことができるようになる。

4. 心理社会的発達

子どもは、脳の発達とともに、外界からの刺激を受けて心理的及び社会的に発達する。心理的及び社会的な発達は、感覚、運動、言語、情緒、社会性、行動、思考など、それぞれの発達とともに成熟する。また、それぞれの相互作用の中で心身の調和を保ち、基本的な生活習慣や社会のルールを身につけていく。

5. 子どもの成長発達を見通した柔軟な保育

子どもの発達過程を理解していると、成長発達を見通した保育を展開することができる（図表1-3）。それは、子ども自身がもっている力を十分に伸ばすことにつながるが、その際、発達過程には個人差があることも忘れてはならない。子どもの発達を月齢・年齢だけで判断せず、一人ひとりにあった保育を心がけることが大切である。

図表1-3　子どもの発達過程と保育

	運動・あそび	言葉	心理・社会	生活
1か月	・指しゃぶり		・母の声に反応 ・顔を見つめる	・授乳
2か月			・あやされて笑う	
3か月	・ガラガラを握る	・「アーウー」などの喃語が出る		
4か月	・首がすわる			・昼夜のリズムが整ってくる
5か月	・寝返り ・手を伸ばし触れた物をなめる		・呼びかけに反応	・離乳食開始
6か月	・腹ばいで遊ぶ	・喃語が盛ん	・人見知り	
7か月	・安定したおすわり	・喃語に感情がこもる		
8か月	・つかまり立ち ・手から手に持ち替える			
9か月	・指先をつかって物をつかむ			
10か月	・はいはいで移動		・バイバイのしぐさ	・好きな人を後追い
11か月	・つたい歩き	・喃語に意味のある言葉が交じる		

第1章 ── 子どもの成長発達

	運動・あそび	言葉	心理・社会	生活
1歳	・安定した一人歩き	・意味のある単語（ママ）を話す	・複雑な感情が発達	・1日3回の食事で必要な栄養をとる
1歳半	・小走り ・人差し指と中指でVサイン	・二語文を話す	・自我が芽生えて自己主張が始まる	
2歳	・走る ・階段のぼり ・ぶら下がる ・丸が描ける			・食事や着替えなどに自分から取り組む ・スプーンをつかう
2歳半	・片足立ち ・ジャンプ	・多語文を話す ・盛んに質問する		・パンツに挑戦
3歳	・でんぐり返し ・三輪車 ・片足けんけん		・友だちと協同して遊ぶ（けんかが増える） ・絵本のストーリーを理解	・箸をつかう
4歳	・スキップ ・じゃんけん遊び	・時間を表す言葉をつかう	・他者の気持ちがわかるようになり協調して遊ぶ	・基本的生活習慣が身につく
5歳	・仲間同士で話し合ってルールを決めて遊ぶ	・文字に興味を持ち始める		

出典：［園と家庭を結ぶ「げんき」編集部、2011］［金子、2011］［草川、2015］を基に筆者作成

第3節　子どもの成長発達の評価

　乳幼児期の子どもの成長発達は生涯でもっとも著しく、また、この時期に基礎が形成されることから、子どもが健やかに成長発達を遂げているのかを評価することは非常に重要である。成長発達は、遺伝的条件をもとに、子どもの健康状態や生活全般にわたる多くの因子の影響を受ける。したがって、子どもの成長発達を評価する場合は、その時点での状態のみを評価するのではなく、出生からその時点までどのような成長発達をしてきたのかを踏まえて横断的に評価することが大切である。

1. 成長の評価

　子どもの成長の評価法として、身体のバランスや栄養状態を判断するための測定や指数算出は重要である。

(1) 全身のバランスの観察による評価

　身長と頭のバランスは成長に伴って変化するため、身体各部のバランス、特に頭部と身長のバランスを観察することで成長を評価することができる。新生児は4頭身（身長が頭部の4倍）、1〜2歳は5頭身、6歳は6頭身、12〜15歳は7頭身が目安となる。

(2) 身体測定の結果を用いた評価

　乳幼児の場合は、身長、体重、頭囲及び胸囲を測定し、厚生労働省が10年ごとに発表する乳幼児身体発育調査報告書による各年齢のパーセンタイル値（データを小さいほうから並べて何％に位置するのかを示す数値）と比較して評価することができる。相当するパーセンタイル値が10％未満や、90％を超えている場合は、経過観察もしくは精密検査の必要がある。

(3) 指数を用いた評価

　次のように計算される指数を用いて、身長と体重のバランスを評価することができる。

①乳幼児期（3か月～5歳）の肥満評価
　＜カウプ（Kaup）指数＞
　　体重(g)÷身長(cm)^2×10
　［評価基準］
　　13未満：やせすぎ　　15～19：標準　　22以上：肥満

②学童期以降（6歳～）の子どもの肥満評価
　＜ローレル（Rohrer）指数＞
　　体重(kg)÷身長(cm)^3×10^7
　［評価基準］
　　100以下：やせすぎ　　120～145：標準　　160以上：肥満

2. 発達の評価

　発達の評価には、さまざまな方法が開発されている（**図表1-4**）。子どものどのような発達を知りたいのか、得られた結果をどのよう保育に活用するのかなどを考慮し、それぞれの評価法の特徴を理解し、検討したうえで、最適な評価法を使用することが重要となる。

図表1-4　心理社会的発達の評価の方法

評価法	適応年齢	特徴
日本版DENVERⅡ デンバー発達判定法（日本小児保健協会編）	0歳～6歳	「個人－社会」、「微細運動－適応」、「言語」及び「粗大運動」の各領域において発達に問題を抱えている可能性を評価する。比較的簡単な検査用具一式が必要で、所要時間は15～20分程度である。
遠城寺式 乳幼児分析的発達検査法（九大小児科改訂版）	0歳～ 4歳8か月	「運動」、「社会」及び「言語」の領域を項目別に測定する。グラフ化することで、全体像から発達や障害についてとらえる。用具は必要とせず、所要時間は15分程度である。
乳幼児精神発達診断法（津守・稲毛式）	1～12か月 1～3歳 3～7歳	「運動」、「探索」、「社会」、「生活習慣」及び「言語」の領域における発達の度合いを測定する。用具は必要とせず、養育者の観察をもとに質問紙に記入するため、子どもの検査時の状態に左右されることが少ない。所要時間は20分程度である。

出典：［上田、1983年］［遠城寺、2009］［津守、1961］を基に筆者作成

【参考文献】

上田礼子・W.K.フランケンバーグ著『日本版デンバー式発達スクリーニング検査 増補版 JDDSTとJPDQ』医歯薬出版、1983年

E.H.エリクソン・J.M.エリクソン著、村瀬孝雄、近藤邦夫ほか訳『ライフサイクル、その完結〔増補版〕』みすず書房、2001年

園と家庭を結ぶ「げんき」編集部編『乳児の発達と保育──遊びと育児』エイデル研究所、2011年

遠城寺宗徳編『遠城寺式・乳幼児分析的発達検査法 九州大学小児科改訂新装版』慶應義塾大学出版会、2009年

大西文子編著『子どもの保健演習』中山書店、2012年

金子龍太郎・吾田富士子監修『保育に役立つ！子どもの発達がわかる本』ナツメ社、2011年

厚生労働省雇用均等・児童家庭局『平成22年乳幼児身体発育調査報告書』厚生労働省、2011年

巷野悟郎編『子どもの保健 第6版』診断と治療社、2016年

巷野悟郎監修、日本保育園保健協議会編『最新 保育保健の基礎知識〔第8版改訂〕』日本小児医事出版社、2013年

草川功監修『0～3歳の成長とともに！ Happy！育児オールガイド』新星出版社、2015年

J.ボウルビィ著、二木武監訳『ボウルビィ母と子のアタッチメント──心の安全基地』医歯薬出版、1993年

筒井真優美監修、江本リナ・川名るり編『小児看護学 子どもと家族の示す行動への判断とケア〔第8版〕第8版』日総研出版、2016年

津守真・磯部景子著『乳幼児精神発達診断法 ──3才～7才まで』大日本図書、1961年

津守真・稲毛教子著『乳幼児精神発達診断法 ──0才～3才まで』大日本図書、1961年

中野綾美編『小児の発達と看護〔第5版〕』（ナーシング・グラフィカ 小児看護学〔1〕）メディカ出版、2015年

（ふくなが・ともひさ）

第2章

保育とアタッチメント

青木　豊

はじめに

　我が国において保育需要は右肩上がりに高まってきた。厚生労働省発表の「保育所等関連状況取りまとめ（平成28［2016］年4月1日）」によれば、平成21（2016）年度の就学前児童の保育所等利用率は約31％であったが、平成28年4月時点では約40％であり、7年間で10％近い増加を示している。保育所を家庭以外の養育の場として育つ乳幼児の割合は、さらに増え続ける可能性が高いと推測されている。それら子どもたちは、週日日中の大半を保育所で、保育士と友だちとの関係の中で育つのである。

　多くの研究や実践から、乳幼児期は、"こころ"の（社会・情緒的）発達の基盤をつくる時期であり、その後の発達にも大きな影響を与えることが明確となってきた (Zeanah & Zeanah, 2017)。とりわけ乳幼児に関わる複数の主要な養育者は、子どものこころの発達に重要なインパクトを与えると考えられている (Zeanah & Zeanah, 2017)。

　すでに述べた統計から、我が国では近い将来乳児期からの保育所利用は

50％に近づくであろう。幼稚園を利用する子どもを総和すれば、ほとんどの乳幼児が家族以外の他者－保育士や幼稚園教諭と平日、半日以上の時間を過ごすこととなる。これら子どもが成長し、我々社会を動かす構成員となる。とすれば、我が国のこころの問題（精神保健）を考えるとき、現在そして将来の保育の在り方は、決定的に重要な要素の一つではあるまいか？

　本章では、その重要な疑問を追求する一つの領域を探求する。すなわち、保育とアタッチメントというテーマである。

　乳幼児と養育者のアタッチメント関係は、乳幼児―養育者の関係の重要な一領域である（青木, 2012）。多くのアタッチメント研究やアタッチメントに方向づけられた家族支援の研究から、養育者との関係の中で形成される乳幼児のアタッチメントの在り方が、子どものこころの成長に影響を与えるとの所見が積み重なっている(Thompson, 2016)。とすれば、「我が国のこころの問題（精神保健）を考えるとき、現在そして将来の保育の在り方は、決定的に重要な要素の一つではあるまいか？」との問題を追求するとき、アタッチメントという観点から、以下の疑問が生じる。

①保育所で子どもを養育することは、家庭でのアタッチメント形成を阻害しまいか？
　より具体的には、保育所に預ければ、例えば母親とのアタッチメントの安定性を悪化させまいか？
②保育士は乳幼児のアタッチメント対象になりえるのか？
　それを、どのように実証すればよいのか？
③もし、保育士が乳幼児のアタッチメント対象になりえたとして、そのアタッチメントの質は、乳幼児のこころの発達に影響を与えるのであろうか？

　これら疑問は、保育士が子どものこころの成長に意味のある存在であるのかについて探求しようとするとき、重要な疑問の束であろう。

　これら疑問に対する証拠（エビデンス）の上に、アタッチメントの観点からみた保育実践の在り方が考えられるであろう。もしまた、保育士は子どものアタッチメント対象ではなく、あるいはアタッチメント対象となりえたとしても、そのアタッチメント関係が子どものこころの発達に影響を与えないのであれば、アタッチメントに方向づけられた保育の必要性やそ

の応用は考える必要生はない。もちろん、そのような結果が得られたとしても、保育士と子どもの関係は意味をなさないということにはならない。

なぜなら保育士-乳幼児の関係性にはアタッチメント関係以外の関係の在り方 ── 例えば教育的関係、生活習慣の習得、しつけの関係（これら関係は、必ずしもアタッチメント関係とは等価ではない（青木, 2012）── が領域として存在するからである。アタッチメント関係以外の乳幼児-保育士関係が、乳幼児のこころの発達に影響を与える可能性を残している。

もしまた保育士が乳幼児のアタッチメント対象になることができ、その安定したアタッチメント関係が、子どものこころの成長にインパクトを与えるとすれば、どのような保育が子どもの保育士へのアタッチメント形成をより安定したものにするか、その実践への展開・応用が重要となろう。しかしこの点については、著者の経験の範疇を超える。さらにはこの章の紙面上の制約からも、本章では論述しない。

上記3つの疑問について、以下主要な文献を用いてまとめる。最後に、簡単な考察と今後の方向性について述べる。

第1節　保育所養育は、子どもの第1養育者（例えば母親）へのアタッチメント形成を不安定化させまいか？

現在まで多くの研究が第1養育者（一般的には母親）とのアタッチメント形成が、子どものこころの発達に影響を与えることを示している（Thompson, 2016）。保育所に毎日のように預けることは、1日少なくとも1回の大きな母親との分離を子どもは経験することになり、母親と過ごす時間が減少する。もし保育所に預けることが母親とのアタッチメント形成に悪影響を与えるなら、保育所養育は子どものこころの発達（社会・情緒的発達）に、否定的な影響を与える可能性が示唆される。

そこで重要な第1の疑問は、保育所養育は、子どもの第1養育者（例えば母親）へのアタッチメント形成を不安定化するか？── との疑問である。

この疑問に、米国の精神保健はすでに30年前にぶつかっていた。

1. 初期の研究

　1980年代半ばに、米国において保育所利用率が50％に達した。そのため、にわかに米国で上記の問題・疑問が問われるようになった。研究初期の2つのメタアナリシス（多くの研究を総和して統計にかける研究）では、週20時間以上の保育所利用は、母親とのアタッチメントの安定性を低める（悪影響を与える）との結果であった。Belsky & Rovine (1988)，Clarke-Stewart (1989) 両研究ともに、ストレンジシチュエーション法SSPを用いた研究を総和して検討している。両研究ともに、保育所を利用していない子どもの母親へのアタッチメントの型は、非安定型が約30％であったのに対して、保育所を利用してる子どもの非安定型は約40％であった。保育所利用は「まずいのではないだろうか？」──との疑問が沸き起こった。

2. より後期の研究

　ところが1990年代以降の研究では、異なる方向の結果が発表されるようになった。即ち、保育所利用と母親へのアタッチメントの安定性とは相関しないとの結果である (Roggman et al. 1994; Belsky & Braungart, 1991)。大規模な（1364家族）月齢6カ月から15歳までをフォローした研究 The NICHD Study of Early Child Care 乳幼児保育研究プロジェクトでも、保育所利用の諸要素（観察された保育の質、保育の時間の長さ、保育に入った月齢、体験した保育所の数）のどれ一つも、母親とのアタッチメントを予想できないとの結果が得られている (NICHD, 1997)。つまり、保育所養育は、母親とのアタッチメントに影響を与えていないと考えられる。

　オーストラリアにおける145人妊婦の縦断的研究 (Hrrison & Ungerer, 2002) では、母親が仕事に復帰した場合の復帰時期と、家庭にとどまった場合の母親へのSSPにおける安定型（最も"健全"と思える型）の頻度を調べた。生後5カ月以内に復帰した場合72％、5から12カ月で復帰した場合62％、家庭にとどまった群では45％であった。

　これら結果は、保育所養育を行うことが、必ずしも母親とのアタッチメントに悪影響を与ええず、場合によっては好影響を与えさえすることを示

している。後者の所見は、母親が育児と仕事の両方を行えることが、子どもへの感受性を増す可能性を示唆している。一方、長時間の保育は、他の因子例えば母親の感受性の低さと合わせると、母親へのアタッチメントの安定性を下げるとの結果もまた、上記NICHD研究などが示している（NICHD, 1997）。

第2節　保育士は乳幼児のアタッチメント対象になりえるのか？
——それをどのように実証すればよいのか？

　保育所養育が必ずしも母親のアタッチメントに悪影響を与えないとしても、保育士とのアタッチメントが安定性を欠いていれば、その子のこころの成長は阻害されるのではないだろうか？　そもそもの子どもは、母親とは別の大人にアタッチメント・愛着するのだろうか？　その人々の中に、保育士は含まれるだろうか？

　保育士は、日に場合によっては8時間以上、週5日養育している。乳幼児は、保育士にアタッチメントするのは確からしいように思える。研究を追ってみよう。

1. 父親へのアタッチメント

　母親以外の養育者についての研究として、まず父親へのアタッチメントの研究がある。

　初期の研究では、乳幼児は父親にアタッチメントするかもしれないが、母親のアタッチメントの質（SSP）によって、父親とのアタッチメントは決まるとの所見——母親の影響が大である——が多かった（Fox, Kimmerly, & Shafer, 1991;；Steele, Steele, & Fonagy, 1996）。ところが、近年の研究では父親へのアタッチメントは形成され、さらにそのアタッチメントの質は母親へのアタッチメントの質とは異なるとの所見が多くみられている（Grossmann et al., 2002; van IJzendoorn & De Wolff, 1997）。子どもは母親以外の養育者にアタッチメントする能力を備えているように思える。では、保育者にはどうであろうか？

2. 父親以外の養育者や保育者

　母、父とアタッチメントができる前に、ほぼ同時に両親以外とのアタッチメントが形成されるかを探求した研究は、以下の調査以外はほとんどないようである。

　Howes& Wishard Guerra (2009) は、月齢2ヵ月より以前に保育者（ほとんどが親戚）にも養育されは低所得メキシコ移民24組の家庭を3年以上の追跡して研究した。結果を概観すれば、乳幼児は母とも保育者とも安定したアタッチメントを形成した。また母親と保育者との安定性の得点は異なっていた。

　一方、両親のみが何カ月か養育し、その後に保育所を利用した場合の研究の集積は既に記載した研究を含めていくつか見いだせる。保育センターでの養育の研究では、養育時間が増すごとに保育者へのアタッチメントは安定し (Raikes, 1993)、なだめやすくなり (Barnas & Cumings, 1997)、複数の保育スタッフに異なったアタッチメント行動をとった (Howes & Oldham, 2001)。これら研究は、保育士を含む両親以外の対象にも、乳幼児がアタッチメントし、その質は母親とは異なる（SSPで型が異なる）ことが示唆されている。

　van IJzendoorn ら (1992) は、概念的に洗練されたメタアナリシス研究で、保育士とのアタッチメントの成立の可否を以下の5つの条件から確認した。第1の条件は、SSPを用いた保育者とのアタッチメント分類で、回避型の比率が、健常の子の母親との分類での回避型の比率よりも高くないこと（すなわち、保育士とも"健全"なアタッチメントは母親と同程度に形成されること）、第2に分類不能の比率も平均より高くないこと、第3に保育者へのアタッチメントの型は親への型とは関連していないこと（質が異なること、関係性特異性があること）、第4に保育者の子どもへのかかわりにおける感受性が、アタッチメントの分類に関係していること、すなわち感受性の良い（質の高い）保育は、その保育者へのアタッチメントをより安定させること、第5に、保育士とのアタッチメントの関係が子どもの後の社会・情緒的発達に影響すること、の5つの条件である。

　第1、第2の条件は、本論ですでに示した所見以外にも、父母と保育

者とのSSP研究（1から2歳）で支持されている（Goossens & van IJzendoorn, 1990 ; Oppenheim et al., 1988）。これら研究では、保育士と安定型の子どもはほぼ60％であり、健常な家族の母親へと同程度の安定したアタッチメントが形成されることが分かった。第3の条件もクリアされた。即ち、保育士とのアタッチメントは親と独立しており、関係性特異性が立証された（Goossens & van IJzendoorn, 1990 ; Sagi et al.,1985）。では保育者の子どもへのかかわりの質がその保育者へのアタッチメントの型に影響するであろうか？　この疑問が第4の条件である。いくつかの研究が保育者の関わりの質がその保育者へのアタッチメントの質に影響を与えていることを示唆している（Anderson et al.,1981 ; Goossens & van IJzendoorn, 1990 ; Howes et al., 1998 ; Howes & Smith, 1995）。

ここまでの所見をまとめると、子どもは保育士へアタッチメントし、そのアタッチメント形成過程は母親などの養育者に対するそれと大きく変わらないこと、そのアタッチメントの質は、母親とは独立している・異なっていることが分かる（関係異性特異性）。

第5の条件については、次の節で議論したい。

第3節　もし保育士が乳幼児のアタッチメント対象になりえたとして、そのアタッチメントの質は、乳幼児のこころの発達に影響を与えるのであろうか？

子どもが保育士にアタッチメントすることは確からしい。ではその保育士へのアタッチメントの質が、その子のこころの発達（社会・情緒的発達）に影響を与えるのであろうか？

同一児は、家庭において母親や父親にもアタッチメントしているはずである。ゆえに、この疑問は、父母へのアタッチメントと保育者へのそれが、どのようなかたちで、こころの発達に影響を与えるのか、あるいは与えないのか？　との疑問となる。このテーマについての研究は、欧米においても多くないようである。

1. 初期の研究

　初期の研究では、母親（過ごす時間が圧倒的に多い）とのアタッチメントの質が発達に影響を与えるのであって、父親や保育士へのアタッチメントは、ほぼ問題にならないとの研究が多かった（Main et al., 2005,；Suess et al., 1992；Volling & Belsky, 1992；Grossman et al., 2002；Lamb et al., 1992）

2. より後期の研究

　しかし、この分野でも研究が進むことで、新しい所見が見出されてきた。
　代表的な二つの縦断研究がそれである。これら二つの研究は、乳幼児期に関わった家族以外の保育者が、児童早期のこころの発達に影響を与えることを示唆している。イスラエルにおける Haifa longitudinal studies（Sagi-Schwartz & Avierzer, 2005）では、乳幼児期に 母親、父親、metapelet（イスラエルキブツでの保母）それぞれとのアタッチメントが計測され、その後早期児童期、青年期、早期成人期とフォローアップされた（Oppenheim et al., 1988）。研究結果の一部から、早期児童期におけるこころの発達の特定の側面（例えば友達関係の適応性）については、保母のアタッチメントの影響ほうが父母へのそれよりも大きいことが示されている。
　ドイツにおける縦断研究においては、早期児童期の社交能力については、父母、保母3者合わせた安全性の影響が、母へのアタッチメントの影響を上回ることが示されている（van IJzendoorn et al., 1992）。ところが、9歳以降の児童期、思春期以降のこころの発達については、陽性所見と陰性所見がまじりあった研究結果となっている。9〜14歳での追跡研究では、乳幼児期の保育士とのアタッチメント関係のほうが、母親とのそれより、学校の先生との関係に影響を与えるとの所見がある一方、この時期の友達との関係については3−5歳の時期の友達のと関係のほうがより影響を与えていた（Howes, Hamilton, &, Phillipsen 1998；Howes, & Tonyan, 2000）。思春期後期への影響については、母親や保育士へのアタッチメントからは、こころの発達の多くの側面が予想できなかったのと所見も得られている（Howes, & Aikens, 2002）。
　これら所見をまとめると、保育士との安定したアタッチメント形成は、

少なくとも児童期までのこころの発達に肯定的な影響を与える可能性がある。保育士とのアタッチメントは、こころの発達に影響を与える1要因であり、ここでは一部しか挙げなかったが、両親とくに母親とのアタッチメント形成と掛け合わせることで、発達の経過をより予想することができるとの所見もある。一方、思春期後期以降への影響は、見いだせていない。

第4節　議論

1. まとめ

まず、三つの疑問についてまとめる。

第1の疑問は、保育所で子どもを養育することは、家庭でのアタッチメント形成を阻害しまいか？——との疑問であった。近年の研究結果は、阻害しないとの結論に傾いている。のみならず、保育養育は場合によって母親とのアタッチメントをより安定化するとの所見すらある。

第2の疑問は、保育士は乳幼児のアタッチメント対象になりえるのか？——との疑問であった。集積する研究は、乳幼児は母親へのアタッチメントと同様の過程で保育士にもアタッチメントするが、その質（より具体的にはSSPによるアタッチメントの型）は母親へのそれと異なっている（関係性特異性）との所見を示している。

第3の疑問は、保育士へのアタッチメントの質は、乳幼児のこころの発達に影響を与えるのであろうか？——との疑問であった。現時点での答えは、Yes and Noである。保育士とのアタッチメント関係は、少なくとも早期児童期までは、社会・情緒的発達に影響を与えているとの証拠はある。しかしその影響は、それ以降とくに思春期以降はかき消えるように見える。

2. 考察、この章の限界、今後の方向性

アタッチメント研究からは現時点で、まず以下のことは確からしい。すなわち大きくみれば、少なくともある程度の質を維持された保育所養

育により、二つの意味で心配された乳幼児のこころの発達への否定的影響は回避されるようである。一つは、保育所に通ったからと言って母親や家族とのアタッチメントに悪影響がない。そのため、保育園養育→母とのアタッチメントの非安定化→乳幼児のこころの発達の阻害、という発達ラインを想定する必要は必ずしもなさそうである。二つ目は、保育者へのアタッチメントの質は母親のアタッチメントの質と異なり、加えてその質は一定程度、乳幼児のこころの発達に肯定的な影響を与えているようである。保育士とのアタッチメントの影響は、ある特定の領域（例えば学校の先生との関係）では、母親とのそれの影響より強いようである。さらには、この章ではあまり触れなかったが、複数の養育者へのアタッチメントの質の総和が、乳幼児のこころの発達を最も予想するかもしれない。

とすれば、乳幼児は複数の養育者にそれぞれ異なったアタッチメントを形成し（関係性特異性）、より多くの安定したアタッチメントを形成している子どもが、最もこころを安定して発達させるのかもしれない。また保育所のような家庭状況とは異なる環境で、乳幼児は専門性のある保育士にアタッチメントするが、このアタッチメントの質は、将来母親のそれとは異なる影響を与えているのかもしれない。例えば、保育所で乳幼児は社会的立場も自分へのアプローチも母親とは異なる「先生」的な対象にアタッチメントするが、この異なる性質を含めた特異的なアタッチメント表象（こころの中でのイメージ・認知）を作り上げる。後に小学校に入り子どもは学校の先生に保育所の「先生」へのアタッチメント表象を投影しやすいのかもしれない。学校の先生は、母親とは異なり、保育所の「先生」により似た立場であることを、子どもは認知し、保育士に作り上げたイメージという"（色）眼鏡"で、学校の先生を認知（見る）しやすいのかもしれない。しかし、これら推測はまだ実証されていない。

この例でもわかるように、国際的な研究のレベルでも多くの疑問や課題が残されている。以下、いくつか疑問や課題を列挙し、短く考察する。

保育士とのアタッチメント関係が思春期以降のこころの状態や発達に影響を与えるか？――との疑問に関しては、研究自体が必ずしも多くない。そのため、今後より多くの研究が期待される。現時点での研究からは、答

えはNoである。一方、例えばルーマニアにおいて極端に劣悪な施設養育で育った子どもの研究では、代理養育者とのアタッチメント関係は、思春期以降の心理学に大きな影響を与えていることが示されている (Nelson, Fox, & Zeanah, 2014)。また、近年の研究では、遺伝タイプと環境とのinteraction（G×E：Gene × Environment）の視点からの研究が盛んにおこなわれるようになっている。保育士とのアタッチメントも何がしかの子どもの遺伝子タイプにより、より社会・情緒的発達への影響が出るのかもしれない。この領域も、今後の研究が待たれよう。

さらに、より内的・心理的問題に対する大きな疑問が残されている。即ち、親へのアタッチメントと保育士へのアタッチメントの型・質は独立しているらしい（関係性特性がある）が、この複数の対人関係が、どのようにその時期および乳幼児以降、こころに内在化されていくのであろうか？

一般的には、例えば被虐待児は、虐待者とのアタッチメント関係を内在化すると言われている。乳幼児期から虐待を受けてきた子どもは、児童期以降に至ると「養育的な他者とは、自分を傷つけ、見捨て、踏みにじるものである」との内的モデルを形成し（内在化）、そのモデルを、例えば学校の先生方のイメージ形成にも当てはめてしまう──「どうせ、先生も信用にたる人物ではなく、自分を見捨て、踏みにじる」といったふうに。しかし乳幼児期に、子どもは、虐待する母にそのようなイメージを持ったとしても、保育者には母親イメージを当てはめないと考えられる──関係性特異性がある。とすれば、これら独立した養育者イメージ（母親イメージ、父親イメージ、保育士イメージ）は、後の発達で十羽ひとからげにして、「養育的他者は」と統合されてしまうのであろうか？　この問題は、こころの発達についても基本的疑問の一つであるが、現在もいくつかの説はあるものの、確立されたものはないようである。今後のより深く追求されるべき重要な研究テーマであろう。

さて、この章で挙げた研究群はすべて日本以外での研究──米国、イスラエル、オランダなど──である。本邦におけるこの方面からの実証的研究の少なさが際立っている。アタッチメントは生物学的基盤があるため、これら研究は異文化を持つ日本でも十分妥当なのかもしれない。一方、文

化の相違は、保育の質の異なりなどを産む可能性も十分考えられる。

　我が国にしても、この領域について多くの研究が期待される。

　最後に、これら研究の保育実践への応用について触れる。「アタッチメントに方向づけられた保育」はこころの発達のための有望な候補であると考えられる。実際この側面は、すでに重視されているように思える。基礎的な研究とともに、保育法の開発や充実とその効果研究が大きな課題となるであろう。

【参考文献】

Anderson, W., Nagel, P., Roberts, M., et al.（1981）. Attacment in substitute caregivers as a function of center Quality and caregiver involvement. Child Development, 52, 51-53.

青木豊『乳幼児──養育者の関係性：精神療法とアタッチメント』福村出版、2012年

Barnas, V., & Cumings, M.（1997）. Caregiver stability and toddlers' attachment-related behaviors towards caregivers in day care in day care. International Journal of Behavioral Development, 17, 141-147.

Belsky, J., & Rovine,J.（1988）. Nonmaternal care in the first year of life and the security of infant-parent attachment. Child Development, 59, 157-167.

Belsky, J., & Braungart, M.（1991）. Are insecure-avoidant infants with extensive day-care experience less stressed by and more independent in the Strange Situation? Child Development, 62, 567-571.

Clarke-Stewart（1989）.Infant day care: Maligned or malignant? American Psychologist, 44, 266-273.

Fox,A.,Kimmerly, L., & Shafer, D.（1991）. Attachment to mother/ attachment to father : A meta-analysis. Child Development, 52, 210-225.

Goossens, A., & van IJzendoorn, H. (1990). Quality of infants' attachments to professional caregivers: Relation to infant-parent attachment and day-care characteristics. Child Development, 61, 832-837.

Grossmann, K., Grossmann, E., Fremmer-Bombik, E., et al. (2002). The uniqueness of the child-father attachment relationship: Fathers' sensitive and challenging play as a pivotal variable in a 16-year longitudinal study. Social Development, 11, 307-331.

Hrrison, J., & Ungerer, A. (2002). Maternal employment and infant-mother attachment security at 12 months postpartum. Developmental Psychology, 38, 758-773.

Howes, C., & Wishard Guerra, A. (2009). Networks of attachment relationships in low-income children of Mexican heritage: Infancy through preschool. Social Development, 18, 816-915.

Howes, C., & Oldham ,E. (2001). Processes in the formation of attachment relationships with alternative caregivers. In A. Goncu & E. L. Klein (Eds.), Children in play, story, and school (pp. 267-287). New York: Guilford Press.

Howes, C., & Smith, W. (1995). Children and their cahil care caregivers: Profiles of relationships. Social Development, 4, 44-61.

Howes, C., Hamilton,E., &, Phillipsen, C. (1998). Stability and continuity of child-caregiver relationships. Child Development, 69, 418-426.

Howes, C., & Aikens, W. (2002). Peer relations in the transition to adolescence. In H. W. Rees & R. Kail (Eds.), Advances in child development and behavior (Vol. 30, pp. 195-230). San Diego, CA: Academic Press.

厚生労働省ホームページ：http://www.mhlw.go.jp/file/04-Houdouhappyou-11907000-Koyoukintoujidoukateikyoku-Hoikuka/0000098603_2.pdf

Lamb, E., Hwang C-P., Frodi., M., et al. (1992). Security of mother- and father-infant attachment and its relation to sociaility with strangers in traditional and nontraditional Swedish families, Infant Behavior and Development, 5, 355-367.

Main, M., Hesse, E., & Kaplan, N. (2005). Predictability of attachment behavior and representational processes at 1,6 and 19 years of age; The Berkeley longitudinal study. In K. E. Grossmann, K. Grossmann, & E, Waters (Eds.), Attachment from infancy to adulthood: The major longitudinal studies (pp.

245-304). New York: Guilford Press

National Institute of Child Health and Human Development (NICHD) Early Child Care Research Network (ECCRN) (1997). The eggects if infant child care on infant-mother attachment security: Results of the NICHD Study of Early Child Care. Child Development, 68, 860-879.

Nelson, C., Fox, N. & Zeanah, C. (2014). Romania's Abandoned Children-Derivation, Brain development and the Struggle for Recovery. Harvard University Press, Cambridge, Massachusetts, London, England.

Oppenheim, D., Sagi, A., & Lamb, E. (1988). Infant-adult attachment in the Kibbutz and their relation to sosio-emotional development 4 years later. Developmental Psychology, 24, 427-433.

Raikes, A. (1993). Relationship duration in infant care: Time with a high ability teacher and infant-teacher attachment. Early Childhood Research Quarterly, 8, 309-325.

Roggman, A., Langlois, H., Hubbs-Ttait, L., et al. (1994). Infant day-care, attachment, and the "file drawer problem." Child Development, 65, 1429-1443.

Sagi, A., Lamb, E., Lewkowicz, S., et al. (1985). Security of infant-mother,-father, and -metapelet attachment among kibbutz-reared Israeli children. In I. Bertherton & E. Waters (Eds.), Growing points of attachment theory and research. Monographs of the Society for Research for in Child Development, 50 (1-2, Serial No. 209), 257-275.

Sagi-Schwartz, A., & Avierzer, O. (2005). Correlates of attachment to multiple caregivers in kibbutz children from birth to emerging adulthood: The Hifa longitudinal study. In K.E. Grossmann, K. Grossmann, & E. Waters (Eds.), Attachment from infancy to adulthood: The major longitudinal studies (pp. 165-197). New York: Guilford Press.

Steele,H., Steele, M., & Fonagy, R. (1996). Associations among attachment classifications of mothers, fathers, and their infants. Child Development, 67, 541-555.

Suess, J., Grossmann, E., & Sroufe, L. (1996). Associations among attachment classifications of mothers, fathers, and their infants. Child Development, 67, 541-555.

Thompson, R. (2016). Early attachment and later development: Reframing the Questions, , J. Cassidy & P. Shaver (Eds.). Handbook of Attachment. Guilford. New York, London. pp.330-348.

van IJzendoorn, H., & De Wolff, S. (1997). In search of the absent father: Meta-analysis of infant-father attachment: A rejoinder to our discussants. Child Development, 60, 71-90.

van IJzendoorn, H., Sagi, A., & Lambermon, E. (1992). The Multiple caretaker paradox: Data from Holland and Israel. In R.C.Pianta (Ed.). Beyond the parent: The role of other adults in children's lives. New Directions for Child Development, 57, 5-24. San Francisco: Jossey-Bass.

Volling, V., & Belsky, J. (1992). The contribution of child-mother and father-child relationships to guity of sibling interaction: A longitudinal study. Child Development, 53, 1209-1222.

Zeanah, P., & Zeanah, C. (2017) 乳幼児精神保健の基礎と実践、青木豊・松本英夫（編）序章：乳幼児精神保健の展望，14-32

（あおき・ゆたか）

第3章

基本的生活習慣からみる乳幼児の発達

髙橋 弥生

第1節 基本的生活習慣とは

　我が国において基本的生活習慣の研究を最初に行ったのは、児童心理学者の山下俊郎（1903 - 1982）である。山下は欧米の心理学研究に示唆を受け、食事、睡眠、排泄、着衣、清潔整頓の五つの習慣を基本的習慣と称し、1935 〜 1936（昭和10 〜 11）年にかけて、幼児の基本的習慣の調査を実施し、それをもとに基本的習慣の自立の標準年齢を示した（山下, 1936, 1937, 1938, 1939, 1943）。我が国における基本的生活習慣の大まかな概念は、この時から定着し始めている。

　山下は、著書『改訂幼児心理学』（山下, 1953）の中で「幼児につけられるべき習慣として最も大切なものは次のようなものである。まず、主として生理的生活に関係する食事、睡眠、排便の三つの習慣がこれであって、これら等はいままで多くの人々によって基本的習慣と呼ばれているものである。しかし、わたくしはこれに加えるに、着衣──着物を独りで着ること──および清潔の習慣の二つを加えて、これ等を一括して基本的習慣と呼びたいと思う」[1]と述べている。

山下の研究では「基本的習慣」と呼ばれた習慣が、1947年（昭和22年）に制定された『保育要領（案）』の中では「基本的生活習慣」として登場する。その後、幼稚園教育要領や保育所保育指針にも基本的生活習慣に関する内容が記載されることとなる。しかし、基本的生活習慣の類似用語として山下の使用していた「基本的習慣」、幼稚園教育要領や保育所保育指針で使用されている「基本的な生活習慣」、学校教育法第23条に記載されている「基本的な習慣」、高校の家庭科教科書に登場する「社会的生活習慣」、その他一般的な概念として使用される「生活習慣」などの用語が登場し、その定義や用語の相違は明確にされてこなかった。また、子どもの生活習慣について述べる時、その中には道徳的なしつけを指す内容が含まれることも多いが、これについての定義も明確にされていない。本章では、基本的生活習慣を、食事、睡眠、排泄、着脱衣、清潔の五つの習慣とし、マナーやルールに関連する習慣を社会的生活習慣として述べることとする。

第2節　基本的生活習慣の自立の標準年齢

1. 標準年齢とは

子どもは一人ひとり発達の速度が違い、一律に何歳までに何ができる、といった発達基準を提示することはあまり意味がない。しかし発達の原則には順序性や適時性というものがあり、それに照らして発達の標準年齢を示すことは、子どもの発達を保証するためには必要なことである。つまり、子どもの発達がどのように進むのかを把握しておく意味での発達の標準年齢は重要なのである。

山下（1972）が示した基本的生活習慣の自立の標準年齢は、子どもを主に養育している者に対するアンケートなどの調査により、習慣が獲得された割合が70～75％を超えた年齢を、習慣が自立した標準年齢としたものである。その後、さまざまな研究者が同様の研究方法で基本的生活習慣の自立の標準年齢を発表しており、年代によってその結果は変化している。

図表3-1　基本的生活習慣の自立の標準年齢

年齢	食事		睡眠		排泄	
	山下(昭和11年)	谷田貝(平成15年)	山下(昭和11年)	谷田貝(平成15年)	山下(昭和11年)	谷田貝(平成15年)
1.0		・自分で食事をしようとする			・排尿排便の事後通告	
1.6	・自分でコップを持って飲む ・スプーンを自分で持って食べる	・自分でコップを持って飲む ・スプーンを自分で持って食べる ・食事前後の挨拶	・就寝前の排尿		・排尿排便の予告	
2.0		・こぼさないで飲む		・就寝前後の挨拶		
2.6	・スプーンと茶碗を両手で使用 ・こぼさないで飲む ・箸と茶碗を両手で使用	・スプーンと茶碗を両手で使用			・おむつの使用離脱 ・付き添えばひとりで用が足せる	・排尿排便の事後通告
3.0	・こぼさないで食事をする ・食事前後の挨拶 ・箸の使用	・こぼさないで食事をする			・パンツをとれば用が足せる	・排尿排便の予告 ・付き添えばひとりで用が足せる
3.6	・箸を正しく使う ・一人で食事ができる	・箸の使用 ・一人で食事ができる	・昼寝の消失	・寝間着に着替える ・就寝前の排尿	・排尿の自立	・おむつの使用離脱 ・排尿の自立 ・パンツをとれば用が足せる
4.0		・握り箸の終了 ・箸と茶碗を両手で使用	・添い寝の終止 ・就寝前後の挨拶		・排便の自立 ・夢中粗相の消失	
4.6					・排便の完全自立(紙の使用)	・夢中粗相の消失
5.0			・就寝前の排尿の自立			・排便の完全自立(紙の使用・和式様式の利用)
5.6			・就寝時の付き添いの終止 ・寝間着に着替える			
6.0		・箸を正しく使う		・昼寝の終止 ・就寝前の排尿の自立		
6.6				・添い寝の終止 ・就寝時の付き添いの終止		
7.0						

出典：[谷田貝・高橋、2007]を基に筆者作成

　なぜなら、生活習慣というものは、その社会に適応するためのものであるため、社会状況が変化すればその習慣獲得にも影響が出るものだからである。

　また、一定期間をおいて発達基準を調べ、以前の状況と比較することにより、その時の子どもの発達状況の問題点が見える場合もある。**図表3-1**は谷田貝・髙橋（**2007**）と山下それぞれが作成した自立の標準年齢比較の一部である。第2節では、山下の研究による1935～1936（昭和10～11）年の基本的生活習慣の発達基準と、2003（平成15）年に谷田貝・高橋の調査によって作成された基本的生活習慣の発達基準の違いから見える子どもの問題について触れる。

2. 山下研究と現代の標準年齢の違いから見える変化

(1) 排泄の習慣について

▶ ① オムツが外れる年齢

　オムツはいつごろ外れるのだろう。**図表3-2**は、各年齢でオムツを使用

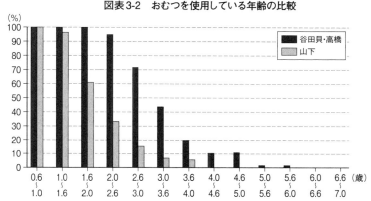

図表3-2　おむつを使用している年齢の比較

出典：[谷田貝・高橋、2007]を基に筆者作成

している子どもの割合を示している。山下の調査結果と谷田貝・高橋の調査結果を比較したが、かなりの差が見られる。1935〜1936（昭和10〜11）年では、1歳6か月ころからオムツの使用が減り始め、2歳以降に急速に減少する。そして2歳6か月には8割以上がオムツを外している。2003（平成15）年、つまり現代は、2歳6か月では7割近くの子どもがまだオムツを使用している。3歳6か月になってやっと8割くらいの子どものオムツが外れる状況である。最近は幼稚園に入園する3歳児で、オムツが外れていない子どもも珍しくない。山下の調査の頃に比べ、全体的にオムツが外れる時期が遅くなっているのである。

　図表3-2を見ると、4〜5歳になってもオムツをしている子どもが1割ほどいるのが、子どもの活動状況や自立心、自尊心などを考えた場合、排泄の習慣としては遅いといえる。健康上の問題がなければ幼稚園入園の頃にはオムツが外れていることが望ましいだろう。

▶ ②排便リズム

　排便の習慣はなかなかリズムが付きづらく、規則的な排便ができずに便秘や下痢といった症状が出ている幼児もいる。**図表3-3**を見ると、現代では排便の時間に規則性のある子はわずか3割ほどしかいないことがわかるだろう。つまり約7割の子どもはいつ大便がしたくなるかわからない状況で毎日を過ごしていることになるのである。幼児期にはそれほど困らない

第1部●子どもの発達の諸側面

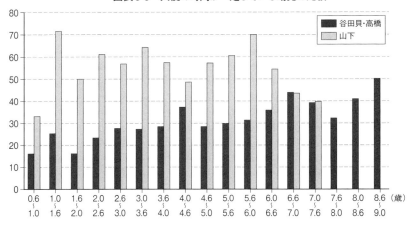

図表3-3　大便の時間が一定している幼児の比較

出典：[谷田貝・高橋、2007]を基に筆者作成

かもしれないが、小学校に入学してもこの状態であれば、生活上困ることがあるということは想像に難くないだろう。

　排便の時間に規則性のある3割の幼児のうち、約半数が朝の時間帯6時から10時の間に排便している。朝に排便を済ませておけば、一日安心して過ごすことができるだろう。1935（昭和10）年頃に比べ食生活が大きく変化し、幼児の食事内容は根菜類が減り、柔らかいものが多くなっている。さらに、夜型の生活時間で生活する幼児が増え、幼児の生活リズムが乱れたことにより規則的な排便ができなくなっているとも考えられる。排泄習慣だけの問題ではなく、食事や睡眠の習慣とも大きな関係がある問題なのである。

(2) 睡眠の習慣について

▶ ① 遅寝の現状

　山下調査を見ると、多くの幼児は夜8時には就寝している。早い子は夕方6時頃には布団に入っており、夜9時以降に起きている幼児は1割以下といった状態である。テレビもなく、夜遅くまで営業している店もない時代で、夜には眠るしかない状況は、子どもにとってはとても良い生活といえるだろう。

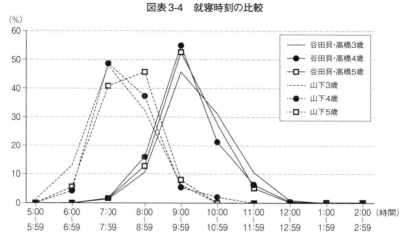

図表3-4　就寝時刻の比較

出典：[谷田貝・高橋、2007]を基に筆者作成

　谷田貝・高橋調査では、幼児の就寝時刻は山下の1935（昭和10）年頃に比べて2時間近くも遅くなっている。**図表3-4**を見ると、就寝時刻のピークがほぼ2時間ずれているのがわかるだろう。

　実線で示した2003（平成15）年では、1935（昭和10）年頃にはほとんどの子どもが眠っていた夜10時以降にも、3〜4割が起きている現状がわかる。さまざまな環境の変化が子どもを遅寝にしてしまっているのであろう。ただし、起床時刻に関してはそれほど大きく変わっていない。というのも、幼稚園や学校が始まる時刻は昔と変わっていないため、昔も現代も幼稚園や学校が始まる時刻に合わせて、朝は6時から7時にかけて起床する子どもが多いのである。現代の子どもは遅寝・遅起きと言われているが、谷田貝・高橋の調査からは、遅寝により夜間の睡眠が不足し、起床時に寝起きが悪くなるといった生活リズムの乱れの問題が見えてくる。

▶ ② **昼寝と夜の睡眠の問題**

　夜更（よふ）かしをさせてしまう親は、子どもが夜遅くまで起きていることをどのように考えているのであろう。ある若い母親は、「夜更かしをして足りない睡眠時間は昼寝で補うから大丈夫」という。同じように考える大人は少なくないだろう。つまり、1日のトータルの睡眠時間が確保されていれ

図表3-5　睡眠時間の比較

年齢	全睡眠時間		夜間の睡眠時間	
	谷田貝・髙橋	山下	谷田貝・髙橋	山下
0.6～0.11	11:42	13:02	10:08	11:17
1.0～1.11	12:06	12:19	10:20	10:53
2.0～2.11	11:05	11:40	9:41	10:55
3.0～3.11	11:03	11:18	9:41	10:58
4.0～4.11	10:45	10:55	9:42	10:52
5.0～5.11	10:19	10:55	9:44	10:54
6.0～6.11	10:11	10:49	9:45	10:49
7.0～7.11	9:31	10:30	9:26	10:30

出典：〔谷田貝・髙橋、2007〕を基に筆者作成

ば健康上の問題はないのではないか、という考えである。

　図表3-5を参照してほしい。1935（昭和10）年頃の子どもの睡眠時間と、現代の子どもの睡眠時間を比べると、実は1日の総合睡眠時間に大きな変化は見られない。しかし、夜間の睡眠時間を比べると明らかに現代の子どもの方が短くなっている。谷田貝・髙橋は前出の調査から、現代の子どもの睡眠習慣について、夜間の睡眠時間の不足分を昼寝で補っているという実態を示している。

　「寝る子は育つ」といわれるように、子どもは睡眠中に成長ホルモンが分泌されている。成長ホルモンが分泌されるためには深い眠りに入る必要があるが、就寝時刻が遅くなり夜間の睡眠時間が十分確保されなければ、必要な量の成長ホルモンが分泌されなくなってしまうだろう。

　昼寝のように明るい場所で短い時間眠る睡眠と夜間の睡眠とでは、成長ホルモンの分泌量が全く違う。また、小学校就学前の幼児はまだ自律神経系の発達が未完成で、夜間の睡眠が不十分だと起床時に腹痛や吐き気といった体の不調を訴える場合もある。夜間の睡眠と昼寝では性質が違うことを知り、夜間の睡眠をたっぷりととる生活が重要であろう。

(3) 食事の習慣について

▶ **① 食事の習慣の自立とは**

　食事の習慣にはたくさんの課題がある。例えば食事の内容について考えた時、乳汁のみの状態から大人と同じ固形物を食べることができるようになるまでに要する期間は1～1年6か月程度である。同時に、一人で食事

ができるようになるためには道具の使い方も身に付ける必要がある。さらに、味覚や自我の発達とともに好き嫌いの問題も生じる。どの課題においても、発達に沿った適切な大人の関わりがなければ、良い習慣が身につくことは難しいのである。

どのような習慣を身につけることが望ましいのか、最終的に目指す姿を以下に挙げる。

　　　・30分程度で、一人で最後まで食事をすることができる。
　　　・途中で立ち歩いたり、こぼしたりしない。
　　　・ほとんど好き嫌いがない。
　　　・箸やお椀(わん)を正しく持って使うことができる。
　　　・食事前後の挨拶(あいさつ)ができる。
　　　・毎日ほぼ決まった時間に食事をする。

▶ ② 箸を正しく使う

子どもは、生後数か月は大人から食事を与えられるだけであるが、徐々に自分から食べようとする姿が見られるようになり、1歳頃までにはほとんどの子どもが自分で食べ始める。最初は手づかみで、こぼしたり、汚したりしながらの食事だが、徐々に道具を使って食べるようになる。

1歳6か月頃にはスプーンやコップを一人で使えるようになる子が多くなり、箸については2歳頃から使い始め、7割以上の子が箸で食事をするようになるのは3歳6か月頃である。ただし、正しい持ち方で箸が使えている子どもは小学生でも半数以下である。箸で食事をしてはいるものの、その持ち方は正しい、美しいとは言い難いのである。これは、持ち方をしつける大人の箸使いが間違っているためである。そのためうまく食材をつかめず、こぼしが増えたり、犬食い（皿に口をつける食べ方）になってしまうのである。

図表3-6は、山下の調査と谷田貝・高橋の調査の結果を比較したものである。箸の使い方に関して、現代の子どもは正しく箸を使えるようになる割合が低くなっていることがわかるだろう。子ども達が正しい箸使いを身につけるためには、子どもの見本となる周りの大人も正しい箸使いを身に付ける必要があるだろう。

図表3-6 箸を正しく使うことの比較

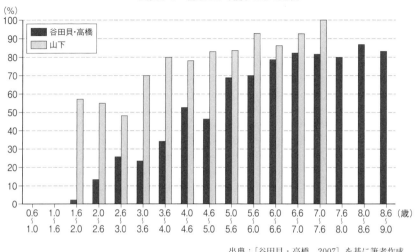

出典：[谷田貝・高橋、2007］を基に筆者作成

第3節　社会的生活習慣の状況

　第3節では、2014（平成26）年に沖縄の幼稚園、保育所に通園している幼児の保護者に対して実施したアンケート調査の結果 (2016、高橋ほか) をもとに、社会的生活習慣についての問題を述べる。なお、関東地方に関しても同様の調査を実施しているが、傾向について大差はないため、直近の調査である沖縄の結果について報告する。

　社会的生活習慣の調査内容は、「ありがとう」「ごめんなさい」「こんにちは」「さようなら」といった挨拶を、自分からできるかを尋ねている。同様の調査を、2007（平成19）年にも沖縄で実施しているが、特に「ごめんなさい」「ありがとう」については、7年前より成績が低下していた（**図表3-7a、b**）。

　食事の際の「いただきます」「ごちそうさま」や就寝時の「おやすみなさい」などの挨拶に関しては、谷田貝・高橋 (2007) の調査により、早い段階から習慣づいていることが示されているが、社会生活を営む上で大切な

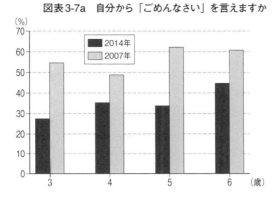

図表3-7a　自分から「ごめんなさい」を言えますか

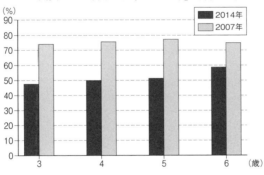

図表3-7b　自分から「ありがとう」を言えますか

筆者作成

　「ありがとう」「ごめんなさい」という挨拶が、自分からすすんでできなくなってきていることは心配な状況である。

　これらの言葉は、形だけ身に付けるような習慣ではなく、気持ちが備わっていなければ意味がない。人間関係を円滑にするこのような気持ちが芽生えるような保育について、今後は真剣に考えていくことが求められるのではないだろうか。

【引用文献】
　（1）山下俊郎『改訂幼児心理学』pp.318-319、巌松堂書店、1953年

【参考文献】

山下俊郎「幼児に於ける基本的習慣の研究（第一報告）」『教育』第4巻第4号 pp.114-138、1936年

山下俊郎「幼児に於ける基本的習慣の研究（第二報告）」『教育』第5巻第1号 pp.93-110、1937年

山下俊郎「幼児に於ける基本的習慣の研究（第三報告）」『教育』第6巻第9号 pp.86-103、1938年

山下俊郎「幼児の着衣行動の発達」『心理学研究』第14巻特集pp.91-92、1939年

山下俊郎「幼児に於ける清潔の習慣の成立基準」松本博士喜寿記念会『心理学新研究』pp.553-565 岩波書店、1943年

山下俊郎『幼児の生活指導・保育学講座5』フレーベル館、1972年

谷田貝公昭・髙橋弥生『データでみる幼児の基本的生活習慣――基本的生活習慣の発達基準に関する研究』一藝社、2007年

西本脩「山下俊郎氏による『基本的習慣の自律の標準』についての再検討」日本保育学会『保育学年報1964年版』pp.26-28 フレーベル館、1965年

西本脩「基本的習慣の発達規準に関する研究」山下俊郎先生喜寿記念図書編集委員会『幼児研究半世紀』pp.44-57　同文書院1980年

髙橋弥生・谷田貝公昭・村越晃「沖縄の幼児の生活習慣に関する調査研究」日本保育学会第69回大会発表、2016年

（たかはし・やよい）

第2部

子どもの表現

第4章 子どもの運動遊び

本間 玖美子

第1節 幼児期運動指針

1. 幼児期運動指針とは

　2012年文部科学省は、幼児期にからだを動かして遊び、運動することの重要性を指摘し、子ども達が少なくとも1日60分以上運動することを勧める「幼児期運動指針」を策定した。

　「子どもたちは、生まれながらに素晴らしい能力を備えているのであるから、大人たちは自然な成長の様子を見守り、育み(はぐく)、大人たちの都合(つごう)でみだりにその能力を損なわせることがあってはならない」という考えは、子どもを育てる教育哲学の基本とされている。しかし、近年の子どもを取り巻く社会生活環境の変化（都市化や少子化）、自然環境の減少にともない、「子ども達を自然豊かな環境の中で、のびのびと遊ばせ育む」といった理想的な環境とはほど遠いものになったことは大変残念なことである。子どもにとってこの環境の変化は最も大切な遊びの時間も少なくなり、からだ

を動かして遊ぶ機会もますます減少する傾向にある。こうした遊びにともなう身体活動の減少は、さまざまな形で子どもたちの心身の健全な発育発達を阻害する状況にある。「幼児期運動指針」は、全国の幼稚園児や保育園児、保育者(幼稚園教諭・保育士)を対象にした大規模な調査研究や学術的な文献研究を積み重ねた結果に基づいて策定された。

2. 幼児期における運動の意義

人間の発育発達において、幼児期は人格の形成を含めて「脳の発達」が非常に顕著な時期である。この時期に「適切な運動刺激」が必要なことは一般的に理解できる。近年の脳・心理科学では人の知性(知能)について、

① 言語的知性
② 絵画的知性
③ 空間的知性
④ 倫理・数学的知性
⑤ 音楽的知性
⑥ 身体運動的知性
⑦ 社会的知性
⑧ 感情的知性

の8つの知性(多重知能)があるとしている。簡単に表現すると「ことば:言葉」「え:絵」「そら:空間」「かず:数」「リズム:音楽」「うごき:動作」「ひと:対人」「心:感情・内省」といえる。からだを動かして遊ぶことは、これらの知性を総合的に発達させることに通じる。

幼児期に、活発にからだを動かし活動することの必要性は、おおむね共通理解が得られるが、「遊び」ではなく「運動」という語を用いることには、一部幼児教育関係者からは危惧する声もあった。「遊び」が本質ではあるが、運動習慣は生涯にわたる健康を育むうえからも幼児期から身につけることが望ましいという基本的な考え方から、「幼児期遊び指針」ではなく「運動」という言葉が用いられた。これは、基本的には「遊び」だが「遊び」の中で、「運動」の持つ要素を重視した考え方である。

3. 幼児期運動指針での運動の意義

(1) 体力・運動能力の向上

体力は人間の活動の源であり、健康の維持のほか、意欲や気力といった精神面の充実にも大きく関わっており、人が生きていくために重要なものである。幼児期は、神経機能の発達が著しく、タイミングよく動いたり、力の加減をコントロールするなど、運動を調整する能力が顕著に向上する時期である。この運動調整能力は「新しい動きを身につける」「周囲の状況を的確に判断し、予測に基づいて行動する」「怪我や事故を防止する」などの能力に関わるものである。

(2) 健康な体の育成

幼児期の適切な運動は、丈夫でバランスのとれた体を育み、運動習慣を身につけることによって、諸機能の発達を促進させ、生涯にわたる健康で活動的な生活習慣の形成、肥満や痩身を予防し、成人後の生活習慣の危険性を低くする。

(3) 意欲的なこころの育成

思い切りのびのびと動くことは、健やかなこころの育ちを促す効果がある。遊びから得られる成功体験によって育まれる意欲や有能感は、体を活発に動かす機会を増大させ、何事にも意欲的に取り組む態度を養う。

(4) 社会適応力の発達

幼児期は、徐々に多くの友達と群れて遊ぶことができるようになっていく。その中で、ルールを守り、自己を抑制し、コミュニケーションを取り合いながら、協調性や社会性を養うことができる。

(5) 知的能力の発達

運動を行う時は、状況判断から運動の実行まで、脳の多くの領域を使用する。すばやい方向転換などの敏捷な身のこなしや、状況を把握し、先を予測するなどの思考判断を要する全身運動は、脳の運動制御機能や知的機能の発達を促進させることに有効である。子ども達が自分達の遊びに合わせてルールを変化させたり、新しい遊びを創り出したりと、遊びを質的に変化させていこうとすることは、豊かな想像力を育む。

第2節　子どもの遊び

1. 子どもの遊びとは

　遊びとは、何か他の目的のためにではなく、遊びそれ自体が楽しく、遊びそれ自体を目的として行う活動であるといわれ、生産的な目的のための手段としての活動は遊びとはみなさない。運動遊びとは、からだ全体をつかっての遊び活動であり、生き生きとしてその遊びに熱中し、その遊びが楽しいから遊ぶという、身体活動をともなった遊びをいう。

　子どもは、いろいろな運動遊びに取り組み、熱中して遊ぶ中で運動能力や技能を身につけていく。しかし、それは目標達成としてではなく、運動遊び活動の結果、もたらされたものと捉えられる。保育の中で子どもが運動遊びに取り組むことは、健康な心身の調和的発達の面からも大切なことである。その遊びが訓練の形で保育者が一方的に指導するというのは幼児期にはふさわしくなく、幼児が自ら主体的に運動遊びに取り組めるように保育者の環境構成や援助のあり方が重要になってくる。

2. 遊びの中で獲得するもの

　子どもの行動で気づくこと、例えば"相手の視線をそらさずジーとみつめる""泥んこ遊びや水遊びが大好きで、全身ずぶぬれ、全身泥んこになってもいっこうに平気""絵本を見せながら話を読むと、何度も同じことを繰り返し読んでほしいと要求する""好きなぬいぐるみがあり、寝るときには必ず持って寝る""視線の位置による大小、遠近の受け取りかたの違い""遊びに夢中な時は名前を呼んでも気づかない""モノや動物に対するやさしい言葉がけ"などである。これらはいずれも子どもの好奇心の魂といわれる行動ではないだろうか。

　子どもの遊びは自分のからだをおもちゃにして遊ぶことから始まり、自分のからだを中心に展開する。それは、乳児期の肉体的感覚の知覚、筋肉運動的感覚の知覚、発声などを繰り返して模索することから始まり、次に

自分の手に届くところにある人やモノをおもちゃにする。例えば、母親の身体や髪、顔の突起した部分や穴などを指で触れて、実験的に探る。このような母親との相互作用で得られた体験を持ち続けることにより、自我が表出し始める時の重要な要素となる。

この遊びは、母親をはじめとする人間と、社会に対する愛情と信頼感を身につける事ができる。また、遊びや生活行動の記憶と行動の繰り返しによって、自分で行動すること、自分で考え責任を持つこと、さらには、自分の行動においても意識的にコントロールできるといった、自立や自律、有能感を獲得していくのである。

第3節　子どもの運動遊び

1. 子どもの運動遊びの意義

子どもは元来動くことが好きである。子ども時代に動き回って遊ばなかたという人はいないであろう。大人から課せられた運動としてではなく、子どもたちの中から発生する「遊び」はまさに身体の発達に限ることなく、子どもを人間として育てる刺激となりうるものと捉えることができる。

子どもにとっての遊びは、遊び自体が生活であり、遊びの行動、遊びの体験を通して多くのことを学び、成長・発達していくものと捉えられる。

子どもの成長・発達を考える時、運動遊びは、子どものさまざまな身体活動の遊びの中から、その行動や体験を通して、からだやこころの望ましい発達を促し、心身の健康に関する習慣や態度を身につけさせる。さらに、情緒的反応、人間関係、集団行動、こころのあり方や、その他知的、社会的、感情、美学的なものとの関わりをもちながら、社会的態度、情操、想像性、道徳性などの育成を促すところに意義が認められる。

運動遊びは、平衡感覚や敏捷性（びんしょうせい）など、子どもの調整力を高め、同時に子どもが興味や意欲を示すことによって、活動量も高くなり、さまざまな動きを体験させることができる。また、子どもの発達段階や興味に合わせて

遊びに変化を持たせることや、音楽や楽器の伴奏なども組み合わせ、楽しさとリズム感を育むこともできる。さらに、集団で行うことにより、ルールを守る、友達やグループでお互いに協力する、役割を進んで行うなど社会性、コミュニケーション力の基礎となる態度を養うこともできる。

このような運動遊びの実践の場では、勇気、決断力、集中力、注意力など精神面への影響も大きく、季節の遊び、特定の目的を持つ遊び、伝承遊び、など生活の中における全身的活動として、より多くの運動遊びの体験が望ましい。

2. 子どもの運動遊びの指導

(1) 運動遊びの指導

運動遊びの指導は、子どもの自発性・自主性を遊びの特性と考えると、指導することに矛盾が生じる。しかし、指導の方法によっては、子ども自身が自発的にその能力を使い、より難しい課題へと挑戦するという素晴らしい能力を発揮する。

子どもは運動遊びを通して、人間としての身体機能の獲得をはじめ、運動遊びを工夫・創造するという知的側面や、友達との関わり合いのなかで、他人への思いやり、不正に対する怒り、遊んだ後の充実感や達成感などの情緒的側面や社会的側面などを調和的に発達させる。運動遊びの指導は、子どもの自由な遊びを、望ましい方向へ進めることが必要である。

(2) 段階的指導と変化に対応できる指導

幼児は成長しようとしている能力を自然に試みようとする衝動（自発的使用の原理）があり、そのことは、指導において基本となるものである。幼児が夢中になって取り組み、好んで遊んでいるものを観察すれば、その時期に伸びつつある機能や能力を推定することができる。

したがって、この段階から遊びを発展させる指導を行うことが望ましく、保育者は、遊びの応用例や運動のポイントを捉えておく必要がある。例えば、縄を用いた遊びの場合、初めから回旋跳びを行うのではなく、縄のいろいろな用い方や縄の扱いに慣れさせてから、回旋跳びへと発展させるなどの方法である。

遊びを変化、発展させる場合は、一般的な方法として、反対の手を使う、姿勢・方向・リズムを変えて行う、相手を変える、運動を組み合わせる、連続して行う、などがある。幼児にとって、少し難しい課題に挑戦することは、よい動機づけとなる。同じ内容であっても変化に富んだ指導が望ましく、次のようなポイントに留意することが必要である。

　①運動遊びの相手を替える
　②運動の図形を変化させる
　③音の変化を工夫する
　④反対の運動を考える
　⑤連続、複合的な運動をする

3. 運動遊びの展開

　運動遊びを展開する中で、子どもの発育年齢に合わせた活動時間がポイントとして挙げられる。1・2歳児は5〜10分以内、3歳児は15分以内、4歳児は20〜30分以内、5歳児は45分以内、これらは、運動強度、季節、天候、実施の時間帯により異なるが、子どもの集中時間や体力に応じて行うとよい。

(1) 運動用具を用いて

▶ ① ボール

　ボールは操作の仕方によって、弾む、転がる、飛ぶなどのさまざまな動きをする。その特性を生かして多様な運動遊びを展開することができる。「ボールひろい」「ボールかくし」「ころがし歩き」「ころがし当てっこ」「まりつき」「投げあい」「投げ競争」「的当て」「かご球入れ（追いかけ球入れ）」「三角ベース」「ころがしドッジボール」「サッカーごっこ」などが挙げられる。

　このようなボール遊びから、身のこなしを機敏にし、リズム感を養うこと、人や物の動く方向やスピードなどを予測し、自分の体をそれに対応させる能力も培うことができる。また、ルール性のあるボール遊びは、社会性や友達と協力する気持ちを育む。さらに、乳児の場合はボールをやりとりすることで他者（特に大人）との関わりを楽しみ、情緒的な安定を図る効果も高い。

第4章 ── 子どもの運動遊び

▶ ② 縄

　縄は柔らかく、結ぶ、仕切る、引っ張る、跳ぶ、といった使い方ができ、子ども自身が操作をしやすい。また、縄を使った遊びには全身を使うものが多く、バランス感覚やリズム感を養い、全身の運動機能を高める。さらに、縄を結ぶ、解くといった作業は、手先の巧緻性を高めることにも役立つ。縄には短縄と長縄があり、人数や遊び方によって使い分ける。

　リズム感を養う良い遊びだが、できないとつまらなくなってしまい、取り組まなくなる子どもも多い。子どもの考えた跳び方を一緒に楽しむ姿勢が重要で、ともに楽しく遊び、できるようになったときの喜びを共感することは、子どもの健全な発達に役立つものである。

　短縄では、「前跳び」「片足跳び」「後ろ跳び」「走り跳び」「交差跳び」「二重跳び」「二人跳び」「走り縄とび」「短縄数えとび」「ひっぱりっこ」等があげられる。長縄では、「波を飛び越す（上・下）」「縄をくぐりぬける」「回っている縄を跳ぶ」「歌に合わせて跳ぶ（大波小波・郵便屋さん）」等がある。

(2) 運動器具を用いて

▶ ① 跳び箱

　跳び箱を用いた遊びというと、なぜか走ってきて、腕立て跳び越しなどをするものと思っている人が多い。おそらく、子どもの頃にいきなり跳び越しをやらされたからではないだろうか。幼児期は、器械運動としてではなく、跳び箱を用いる遊びとして展開するとよい。

　遊びを通して、跳び箱への抵抗感を感じさせないように、子どもの興味・関心のむくままに、跳び箱をいろいろに組み立てて、見立てて遊びに用いたり、登ったり降りたりなどして慣れさせる。このことができるようになると、しだいに腕立て跳び乗り、降りといった遊びへと導くことができる。

▶ ② 低鉄棒

　低鉄棒は、ジャングルジム、平行棒、登り棒などとともに、高さや、ぶらさがって渡るなどに挑戦するもので、類似した器具であるが、遊んでいるうちに、しだいにきまったフォームで上がったり、回ったり、降りたりする技術があることがわかると、この技術の向上を目指す楽しみを味わう対象となってくる。

▶ ③ 平均台

子どもと一緒に歩いていると、わざわざ道路の路肩や、U字溝の高いところや狭い溝の中、道よりちょっと高い所、2～3段積んであるブロックの上や塀の上を好んで歩く。このことは、子ども自身が日常生活のなかに、平衡感覚の発達に欠かせない刺激を求める行動で、スリルを味わい、バランス能力を試しているといえる。

平均台というと、バランスをとりながら台の上を渡ることを考えるが、渡るだけではなく、またいだり、座ったり、跳び越したり、くぐったり、ぶらさがったり、腹這いになって進んだり、他の器具と組み合わせて使うなど、多様性のある器具である。

(3) 固定用具を用いて

固定遊具を用いた遊びには、昇る、降りる、といった動き以外にも、振る、回る、逆さになる、それらの動きを組み合わせる、などの運動要素が含まれている。それは、日常生活にはない、多様な運動感覚を味わうことができ、また子どもの探求心、挑戦欲、征服欲などを満たすことができる。固定遊具は、本来の使われ方以外にも子どもの自由な発想でさまざまなものに見立てられ、子どもの好きな居場所、心の安らぐ場所になる場合もある。

▶ ① すべり台

乳児の場合、最初は一人では滑ることができない。そこで、保育者が手を添えてゆっくり滑る、抱っこして滑ることからはじまる。2歳ごろから一人でも滑ることができるようになるが、頭でっかちの体型であるので転倒や落下の危険があり、保育者は必ず側に付き添う必要がある。成長にともない、斜面を下から登る、滑る格好を工夫する、スピードを出すためにダンボールを敷いて滑る、縄を結んで昇り降りする、といった工夫をするようになる。

▶ ② ジャングルジム

原始生活では樹木に登ることは、危険から逃れて安全に身を守る意味から必要な生活運動であった。しかし、現代生活ではその必要性は無いが、高い所に登りたい、遠く回りを見渡したいという欲求は、とくに3歳児頃からみられる。それまでは、狭い所へもぐる、くぐるだけであったが、成長するにしたがい、平面上での遊びから高低移動をともなった遊びへと移行し、高

い所へのよじ登り、ぶらさがりなどの遊びにより、未知への世界を探求し、自分の身辺を下からも上からも知り、世界を拡大して、絶え間なく創造の世界を広げていく。このような子どもの心理をとらえる立体的な魅力のある遊具のひとつがジャングルジムである。

　ジャングルジムは、比較的大勢で活用できるので、やや組織的な鬼遊びを用いて、仲間を増やし、約束を守り、ルールに従い仲良く遊ぶなど、社会生活に必要な態度を身につけることができる。ジャングルジムは立体的な遊具であるので、安全点検は必ず行い、ジャングルジムの上方3分の1部分を赤色、(危険地帯を示す色) 中間部分を黄色 (注意の色)、下方3分の1を緑色 (安全地帯を示す色) として、塗り分けておくと、遊び方、使い方、安全・注意などの工夫につながる。

(3) 遊具を用いない運動遊び
　　　── 歩く・走る・鬼ごっこ

　子ども時代は、創造性と発展性に富む遊びを展開することから、「遊びの天才」といわれている。

　▶ ① 歩く

　子どもの体支持力の低下、背骨の歪みといった変化が指摘されており、保育現場でも動きのぎこちなさや体力低下が目につく。これは現代生活が、子どもから十分な歩行や運動をともなう遊びの機会を奪ってしまっていることに一因がある。幼児期の十分な歩行運動は、その後の運動、とくに走ることの土台となるので、意識的に歩く機会を増やす必要がある。歩くことで筋力はもちろん、さまざまな調整力を養い、それにより動きのぎこちなさをなくすと同時に、心肺機能の発達も促すことになる。

　▶ ② 走る

　子どもの走運動は2歳頃から出現し、4歳で一通り完成するといわれている。つまり、その時期に走って遊ぶ経験を積むことが必要である。2歳児と4歳児では走り方が異なり、4歳児ともなると、カーブなどでも体のバランスを取りながら、リズミカルに走ることができるようになる。このような調整力は遊びのなかで学習し、身についていくものであるから、十分な運動遊びが必要である。

▶ ③ 鬼ごっこ

　代表的な戸外での遊び、鬼ごっこを最近では見かけなくなった。仲間がいないと成り立たない遊びであるため、群れて遊ばない現代の子どもの遊び形態に当てはまらないのであろう。しかし、鬼ごっこは単純な遊びでありながら、発達段階に応じてさまざまなバリエーションが考えられる。また、子どもがルールを作り変えることも容易で、夢中になって体を動かすことのできる遊びといえる。さらに、「速く走る」ことにより、鬼の動きを予測しながら自分が動くといった「うまく走る」という調整力を養うことができる。鬼ごっこの一例としては、「しっぽとり」「高鬼」「色鬼」「手つなぎ鬼」「どろけい」などがあり、年齢や発達段階に応じた鬼ごっこが工夫できる。

【参考文献】
　　文部科学省『幼児期運動指針ガイドブック』2013年
　　日本発育発達学会『幼児期運動指針実践ガイド――よくわかる！今すぐはじめる！』杏林書院、2014年
　　谷田貝公昭監修『保育内容シリーズ1　健康』一藝社、2004年
　　石井美晴・菊池秀範編『保育の中の運動あそび〔新訂〕』萌文書林、2009年
　　菊池秀範著『幼児期の運動あそびの指導と援助――鉄棒・跳び箱・マットあそびの補助を中心に』萌文書林、1995年
　　近藤充夫監修、岩崎洋子著『体育あそび120』チャイルド社、2003年
　　池田裕恵・志村正子編著『子どものこころ、子どものからだ』八千代出版、2003年

　　　　　　　　　　　　　　　　　　　　　　　　　　　（ほんま・くみこ）

子どもを育てる音楽

三森 桂子

　幼児のための音楽はまず何よりも楽しくなければ楽しい展開が期待できない。私たちは一人ひとりそれぞれ好んで音楽を聞いたり演奏したり、またいろいろな音楽を通して日頃心豊かに生活を展開している。その音楽はさまざまなジャンルの曲、イメージの音楽、演奏スタイルなど幅広い種類が考えられる。

　幼児期に音楽活動で大切にしたいことは、自由でのびのびとした表現活動が豊かに体験できる時間と場でなければならないと思う。そのような音楽的活動を展開し、その子どもならではの楽しい表現活動を体験できる心豊かな音楽溢れる環境の中で育っていくことが望まれる。

第1節　子どもにとっての音・音楽

　子どもを取り巻く環境には音や音楽が常に存在している。そのさまざまな音や音楽は私たちの心を刺激し、震わせ、感動を呼び、それが自然と表現になってまた新しい感動を呼ぶ。この自由な心の感動や表現をひき出

す大切な働きをする要素が"メロディ""リズム""ハーモニー"である。抑揚とリズミカルな動きと響きを大切にした表現活動は、どのように展開し、子どもの心を捉え、さらに生き生きと活動がふくらんでいくのだろう。

　私たちは誰もが子ども時代に親しんだ歌・音楽があるはずで、大人になってもその子ども時代の思いを心にとどめていよう。私たちがいわゆる「子どもごころ」を忘れずに、その時の心の赴くままに生きていくためにはどうしたらよいかを考えるには、実際に目の前にいる子どもたちが、非常にたくさんの音・音楽の中から、その子どもが楽しく歌い、活動している姿をしっかりと見つめていくことが必要である。なぜ子どもがその歌を好み、何に心を寄せ、繰り返し楽しむのかを紐解いていけば、答えにたどり着くはずである。

　その答えに近づくためのポイントとしていくつかの可能性を挙げておく。

　　①リズムの与える刺激からの躍動感や切迫感など
　　②メロディの醸し出す情感やそこからひき出される感情など
　　③ハーモニーの響きによる感動やイメージなど

　これら三つの「リズム」「メロディ」「ハーモニー」は、音楽の三要素と呼ばれる大切なものである。そのどれもが私たちの心根を揺り動かして人の感動を呼ぶと考えられるが、感動している時にその細かい要素について考えている人はいないであろう。

　ただその感動に浸るという行動が自然に表れるのだ。子どもと接していると空想や夢、不可能なことや非現実的なことがよく見受けられるが、それに似た状況は子どもが楽しむ音楽や歌の世界にも存在するのではないかと考える。大人はどうしても、身につけた常識や理性、人目を気にする心から思いのままの行動を控える場合が多いのに対し、子どもは遠慮なく率直に表現してくれる。その時期にこの大事なタイミングをのがさずに、充分子ども時代に歌う経験を持たせてあげることが大切である。

　その過程で一生分の感動を心の中にとどめておくことができれば、人は大人になっても子ども心を蘇らせて楽しむことができるはずである。たとえ多少の遠慮があって思い切った表現活動ができなくても、その歌を聞い

たり思い浮かべてその頃の心の思いは味わえるのではないか。だからこそ、いくつになっても音楽や歌への意識を決して忘れること無く楽しんでいけば、無意識のうちにその時の感情と共に歌が再生される。時代と共に音楽の好みも親しむ歌も変わるけれども、いったんその歌を耳にすれば、気持ちは蘇るのだろう。懐かしい歌を耳にしても完全に忘れていることはないであろう。"懐メロ"という言葉がある通り、絶対に子ども時代に親しんだ歌が、その後のその人の心を絶えず支え、生き続けていると考える。

　この現象について、子どもの歌はただその時に口ずさんで楽しんでいるだけのように感じている人がいるかも知れないが、実はその後の精神生活に常に大きく関わっているという証である。そう考えると、子ども時代に子どもの歌をいかに経験して楽しみ、味わい、心にとどめるという活動を実際にどれくらい積み重ねて来たか、が重要なのである。

　音・音楽と心を結び付けるものは何かについて、具体的な音楽的活動を通して考えてみよう。

1．心に響く聴覚

　五感を通して、一瞬にして私たちの心をとりこにするものの中で、聴覚から受ける刺激が最も大きいのではないかと考える。一瞬の稲光、一瞬の雷鳴、初めての味わい、瞬間の肌ざわり、漂う香りは、それぞれ目、耳、舌、皮膚、鼻によって捉えられる刺激である。これらの視覚、聴覚、味覚、触覚、臭覚の中で聴覚が最も強くすばやく心を動かす感性ではないかと考える。突然の雷鳴には誰もが、そして、どの感覚よりも反応するのである。ほかの四つの感覚は、タイミングの関係で100％全員が反応を示すわけではない。ところが音は、その人の意識の状態に関係なく耳に届いている。音には皆が一様に反応し、また記憶に残る。

　そんな音刺激によって心豊かな経験を重ね、感覚を刺激し、心と身体を揺り動かし、その感動による創造的な活動を呼び、感性を育てることは、音や音楽のさまざまな働きと楽しみ方を知ることにつながる。

　情操や感性、そして人間性を育てる上で音楽は大きな力を発揮する。子どもの音楽的潜在能力を芽生えさせてあげるためには、直感的で子どもの

心に響く音・音楽がふさわしい。音・音楽は、音楽的な活動をする時の原動力になるので、子どもの心の動きを素直に、生き生きと表現できるチャンスを与えるのである。音や音楽は自己表出をする一つの手段である。つまり、内面に存在する情動を自己表現として表わし、発散し、伝えることができる。この情動はリズム、メロディ、ハーモニーの刺激によって生まれる。

繰り返し音楽を聞き、あるいは歌いながら感じたり、考えたりするにつれて、その思いを表現したいという内的欲求が生まれてくる。その欲求を満たすために自己表現するようになる。例えば、運動機能が発達すると身体を動かし、声帯の発達と共に声が歌となり、また、道具を使って音を出すことが楽器の演奏につながる。いろいろな音色、リズム、音の長短・大小などの変化を工夫し、自分だけの心のあり様を表現できる創作へと発展する。

この活動をさらに活発に、積極的に展開するものとして、リズムの効果を忘れてはいけない。これは音楽が持つリズムと、運動能力の発達に伴う身体のリズミカルな動きに関連性があるからだ。この両者には運動と休止（動と静）、緊張と弛緩、一致と不一致、興奮と休息などの要素が含まれている。これらは、音楽のリズムも力動感によって刺激され、身体のリズミカルな動きが誘発されて表現される様子と共通している。

2. 動きをひき出すリズム

言葉にも音楽にも、必ずリズムは存在する。心のあり様によって刻々とそのリズムは変化し、また受け止め方も違ってくる。繰り返し聞きたくなるのは、このリズムの変化・移ろいを楽しみたいからであろう。発達過程や興味・関心の違いによってリズムへの反応はさまざまである。このリズム体験を、できるだけ豊かに経験できる機会を子ども達に与えてあげることが、感性や心の発達にとって大切である。

このリズムを聞き、受け止め、その印象を身体の動きや声の調子で反応すること、つまり表現することがリズム体験である。この体験は、その表現活動の一連の長さ、繰り返される回数・期間、活動時間の長さの変化、活動内容の変化などによって、そのリズム体験の持つ役割・働きがわかる。

(1) 一連の長さ

　長さの違いは、発達過程と興味・関心の深さによって異なってくる。例えば、年齢による発音機能の発達や獲得している語彙数によって影響を受けている。同時に、言葉の発達・語彙数をさらに伸ばす働きに、大きな力を発揮する。次のような活動が考えられる。

- ▶ A ことば遊び
  - ・聞こえてきたことばを繰り返し唱えてその違いを楽しむ。
  - ・長く唱えたり、短くしたり工夫して自分なりのことばを変化させる。
- ▶ B リズム遊び
  - ・速く、あるいはゆっくり唱えて変化を感じる。
  - ・自分の中での変化と、周囲との違いを感じ取る。
  - ・高さ、速さの変化をつけて、その違いを表現する。
- ▶ C まねっこ遊び
  - ・よく聞き、模倣によりまねをする。
  - ・よく似た表現にするための工夫をする。
  - ・声当てのゲーム等に展開して、歌遊びに工夫する。

(2) 繰り返される回数・期間

- ▶ A 模倣遊び
  - ・興味の強さ、深さによって、繰り返し何度も一回の活動が続く。
  - ・活動による満足感によって、一日の中でも複数回繰り返される。
  - ・活動の持続期間が関心度によって左右され、連続・断続される。
- ▶ B 交換遊び
  - ・自分なりの表現から発展して、違った表現へと変化する。
  - ・違った表現内容を工夫し、組み合わせて楽しむ。
  - ・表現内容の組み合わせを記憶して、その違いを楽しむ。
- ▶ C 想像遊び
  - ・自分だけの表現から発展して、新しい表現へと変化する。
  - ・新しい表現の良さ、すばらしさを楽しむ。
  - ・新しい表現によって感じる喜びを楽しむ。

(3) 活動時間の長さ、活動内容

▶ A 模倣遊び
- 繰り返し模倣し、次第に遊びの長さが続く喜びを感じる。
- 繰り返す表現に次第に変化をつけて、その違いを楽しむ。
- 模倣と工夫の組み合わせを通して、豊かな感動を味わう。

▶ B 空想遊び
- 今までにない感動を工夫してリズムに表現する。
- 新しいリズム表現から感じる喜びをさらにふくらませる。
- 自分の中での新しいリズム表現に気づく。

▶ C 創造遊び
- 新しい表現に結びつく素材を発見する。
- 新しい表現に役立つ方法や手段を試してみる。
- さまざまな表現に結ぶ自分の気持ちや喜びを豊かにする。

　このように、運動能力の発達とリズムの効果によって、情動は身体で表現され、やがてその身体活動は、次第に楽器を使った活動へと発展していく。器楽の世界での情動の表出は、きわめて力動的であり瞬発的である。
　幼児期の楽器による表現活動は、発散的である子どもの心の表出をしっかりと受け止め、効果的に表現できる音楽的活動である。特に打楽器を中心にした楽器遊びは、技能的にも無理なく自然にでき、自由にそれぞれ自分なりの素直な表現を思いのままに活動させてあげることが大切である。子どもは、その時の感情を豊かに思う存分表現できる楽器が大好きである。

第2節　子どもと器楽の世界

　リズムによる身体感覚の喜びと同時に、いろいろな音色、音の長短・大小などの変化を工夫し、自分だけの心のあり様を表現できる創作の世界へと、子どもの興味関心は広がり、発展する。ここでは器楽活動について話を進めたい。

子ども達は、楽器遊びをすることによって、リズミカルな表現活動だけでは味わえない楽しさや喜びを感じられるようになる。日頃身振り・手振りを交えて会話をする姿を、しばしば目にする。これと同様に歌やリズム表現だけでは表現しきれない思いや湧きあがる感情を、身振り・手ぶりから発展して楽器を使った表現活動へと展開していく。これらもまた、身体の動きとリズミカルな表現の一体となって表現される活動である。

　それは、「身体の感覚のバランス」「速さ」「手足の連動した動き」、そして「機敏さ」のすべてが調和され、コントロールされた表現活動である。この四つの働きをそれぞれ「平衡性（へいこうせい）」「スピード」「協応性（きょうおうせい）」「敏捷性（びんしょうせい）」と言っている。これらの働きが見られるようになる４歳を過ぎる頃から、運動能力の発達と相まって、リズミカルな器楽表現が遊びの中に徐々に増え、内容的にも豊かになってくる。この身体的発達が楽器の操作には欠かせないものである。

　例えば、足の動きとして歩く・走る・跳ぶなどの動きが挙げられる。これらは拍感・速さ・強弱感などとつながってくる。また、手の動きとして、打つ・振る・こする・すべらせる……などの技能があるが、これらの動きが十分にできるようになると、楽器を弾きこなすことになり、楽器演奏への導入となる。無音程打楽器や有音程打楽器、そして旋律楽器と呼ばれるたくさんの楽器を楽しめる展開が広がっていく。

　獲得し始めた身体感覚や動きを音楽活動にも積極的に取り入れて、興味を持ちながら、子ども達自身がその活動を楽しく展開するうちに、自然に身体活動の発達と楽器による音楽的表現活動が、知らず知らずのうちに無意識にどちらの発達も伸び、豊かになっていくよう繰り返し経験させ、興味を持って積み重ねていける援助が大切になる。子ども達は少しずつ楽器による表現活動が楽しめるようになると、さらに新しい喜びを味わいたいと感じるようになり、もっと素敵な満足のいく楽器演奏に挑戦するようになる。その器楽の世界を大きく広げていくためのステップを紹介する。

１．共に楽しみ、ひき出すモデル

　一緒に活動する周りの保育者や家族も皆、一緒に楽しい表情で、心から

楽しく楽器を奏でることが、最も大切な心掛けである。その周囲の楽しそうな様子を見てまね、模倣しながら楽器を演奏することに慣れていく。自然に楽器の音を鳴らす方法を学び、子ども自身も興味を示し、試してみるようになる。誰かが太鼓を叩いている様子を目にし、その音の刺激に心震わせて、叩くという動きを偶然音の出る身のまわりの物で実際に経験して、その活動の喜びを繰り返すことが器楽活動の第一歩となる。

器楽の世界への導入を遊びと共に招き入れることが、保育者の役割であり、その芽生えを見つけ、常に子ども達に提供していく姿勢こそが大切な資質である。そのためには、日頃から保育者も周りの大人も、楽しく音楽的活動を展開し、いっそう子ども達の発達を促す音楽的能力を身に付けることが使命である。

2. 身近な楽器で興味をもって聞く

子どもは、日頃聞き覚えて気に入ったそのメロディを、歌や楽器演奏にアレンジして演奏し、楽しみや喜びを味わったりする。長い時間ひとつの活動に集中し続けることが苦手な子どもにとって、好きなメロディに歌詞やハミングで歌いながら、身近な楽器などを演奏して自由に弾く活動は楽しく展開でき、変化を実感しながら飽きることなく興味を持って弾き続けることができる。こうした活動によって楽器を演奏することにさらに興味関心を持つと共に、音楽そのものへの理解も深めることができる。

新しく覚えたことばを音楽に合わせてリズミカルに歌うと同時に、音楽のリズムにのせて、声以外の音を発見して音を鳴らす快感を知り、さらに弾く活動を積極的に楽しもうとする意欲が芽生えてくる。また、音楽に合わせて自分自身が音で参加し、楽しむ心を満足させることによって、さらに音や音楽に聞き入ろうとする気持ちが生まれる。

また、音楽を楽しむ時には、やはり実際の生演奏を聞くことが何より感動を深く感じながら味わえる。幼稚園や保育所にあるピアノやオルガン、そして、いろいろな楽器を、実際に演奏して子ども達に目の前で聞かせることが理想的である。身近に演奏している人の息づかいや実際の楽器の演奏方法を見たり感じたりすることは、どんな説明よりも説得力があり、理

解が深まる。演奏内容の上手下手よりも、保育者や親などの周囲の身近な人が演奏している姿をとおして音楽により関心をもって楽しめるようになる。

3. 一緒に楽しむためのポイント

子ども達と共に活動する周囲の大人に是非とも身に付けてもらいたいことを、次に紹介する。このような活動がいつでも、自然に、無理なく楽しそうに展開しているように子ども達に伝わるために、日頃から経験を積み重ねて、いつしか心から楽しめる姿を見せて欲しいと願う。

（1）**階名唱しながら音程・リズムに乗せて手拍子・足踏みをする**

ドレミで歌いながらメロディの音程やリズムを正しく歌いかけ、その曲の拍子に合わせて、リズミカルに手拍子・足踏みなどの動きを考えて入れながら歌う。強弱やテンポにも気をつけ、少しずつ変化をつける。

（2）**移調唱を母音で口ずさみ声の響き、伴奏とのバランスをとる**

曲全体を高くしたり、低く下げて調を変化させる。最も歌いやすい高さにして、「ア」や、「ラ」の母音で歌いながら、伴奏や歌の内容に合わせて、声の出し方に工夫をして、バランスのとれた雰囲気の感じられる表現を楽しむ。

（3）**歌いながら発音や滑舌に気をつけ、歌詞を楽しく歌いかける**

子どもの歌には、擬音語や擬声語などのことばや、興味ある楽しいことばがたくさん見られる。そのことばの面白味を充分表現できるように、発音や滑舌によく慣れて、面白く聞かせる歌いかけをする。

（4）**曲想に合った声量・表情をつけて子ども向けに弾き歌いする**

曲の速度標語・強弱記号などに沿って発声や表情を豊かに変化させながら、伴奏を弾き、歌を楽しむ姿を見せる。視覚的な印象を前面に出して魅力ある弾き歌いが出来るようにする。

（5）**その曲の前奏や和音伴奏を自由なアレンジで演奏する**

その曲の内容に合わせたり、歌い方、演奏の変化に合わせて前奏や伴奏をアレンジし、その編曲に伴った自由な雰囲気の歌いかけができるように、さまざまな工夫をしてみる。テンポ・曲想・拍子・リズムなどいろいろな変化を楽しむ。

(6) 歌詞の前フリと出だしの合図を入れて、合わせる工夫をする

　歌いかけている時に、出だしのタイミングやフレーズの切れ目で、わかりやすい合図や言葉かけ、歌詞の一部を、伝えながら一緒に歌う。みんなで声を合わせて楽しく歌えるように言葉かけを考えて入れる。

(7) ハーモニー・合いの手を入れてアンサンブルの楽しみを増す

　歌詞や出だしの合図に加えて、歌を盛り上げる言葉を考えて、フレーズの区切り目やタイミングの良い所で、歌の調子を整えて言葉かけを入れる。民謡で使われる「合（あ）いの手」のように、歌や音楽が盛り上がるような入れ方に慣れ、子ども同士でも楽しく展開してみる。

第3節　子どもの姿から育てる音楽

　子どもの音楽的な活動は、子どもの心と身体の双方のバランスのとれた展開が大切である。子どものすべての活動の中に、音楽性の芽生えは成長発達と共にあらわれてくるもので、感情の発達が進むにつれて、さらに豊かな表現として高まってくる。リズミカルな動きができるようになると、子どもはもっと率直に感じたり、考えたことを心のままに音で表現したいと思うようになる。こうした感情のままの自然な音楽的活動を大切にした展開を、多く経験させてあげたい。

　日頃から、大人も子どももたくさんのリズム経験を重ね、次第に心も身体も発達をしながら、豊かな音楽表現活動が展開していける環境を整えることが最も大切である。子ども達のモデルとなれる保育者であるよう、いつも心掛けて欲しい。

【参考文献】
　三森桂子・小畠エマ編著『実践 保育内容シリーズ5　音楽表現』一藝社、2014年
　茂木健一郎著『すべては音楽から生まれる』PHP研究所、2007年
　日野原重明・湯川れい子著『音楽力』海竜社、2004年
　飯田修一著『編曲法概説──領域教育学"幼児の器楽合奏"』同文書院、1981年

（みつもり・けいこ）

第6章 造形表現

おかもと みわこ

第1節　表現とは

　子どもが表現をするということは、こころの赴くままに自由であり、こころを解放する手段として気負うことなくリラックスすることができる行為である。また、人がこの世に誕生すると同時に産声を上げる行為も表現なのである。子どもは成長とともに、喜怒哀楽を顔で表し、手を動かし、声を出し、身体の部分を使い表現するようになってくる。

　生活の中で大人にとっては何でもないことを、子どもは目をキラキラ輝かせて、美しいものを美しいと感じ、全身全霊で表現したいと思うのである。子どもの自己表現は素朴な発想から生まれてくるのである。保育者は受け入れる姿勢を忘れてはならない。受け入れられているという信頼関係は、子どもにとって大きな励みとなる。

　常に子どもを受け入れるという行為は、保育者にとって当然のことであり、子どもが保育者に対して信頼を感じとったとき、予想をはるかに超えた能力を発揮する。その瞬間に保育者として立ち会うことができるのであ

る。保育者は子どもの自由な発想を第一に考え、自由な表現や子どもが持つ無限に広がるイメージの表現に必要な手助けをする。さまざまな角度から支援し、表現意欲を引き出せることができれば、それは子どもにとって最高の喜びとなる。

保育者は子どもと共に成長すべきであり、子どもに対して絶え間なく善意ある関心を持つことが必要なのである。保育者として、こころもからだも健康であってほしい。健全な心を持つことによって、子どもに対して正しい行動ができ、最適な言葉がけをし、見守ることが出来るのである。そして、子どもの感性を大切にするためには、保育者が自らの感性をより高く磨き上げ、引き上げることが極めて重要である。

1．子どもの表現

表現には二つの意味がある。自らの意志による「表れるもの」と、自らの意志によって「外に表すもの」がある。「表れるもの」とは心の中にあるものが外へと表し出すことで、本能的な行為であり、泣く、笑う、叫ぶ、怒るなどの表現方法がある。また、「外に表すもの」は思いを人に伝達するという意味のある行為などである。どちらも表現として捉えることができる。本能的な行為は「表出」して、意志ある日常的行為を「表現」とし、双方とも保育者は受け止める感性を持たなくてはならない。「表現」は、まさに子どもの生きている証でもある。

幼児教育における幼稚園指導要領や保育所保育指針の五領域である「健康」「人間関係」「環境」「言葉」「表現」の中の「表現」の目標は、「感じたことや考えたこと自分なりに表現することを通して、豊かな感性や表現する力を養い、創造性を豊かにする」ことであり、「表現」のねらいとして次のようにより具体的に記されている。

①いろいろな物の美しさなどに対する豊かな感性を持つ。
②感じたことや考えたことを自分なりに表現して楽しむ。
③生活の中でイメージを豊かにし、さまざまな表現を楽しむ。

このように、美しいものを美しいと感じる感性を育て、自らの肌で感じ

たことを自分なりに表現して楽しむ心を持ち、日常生活の中でイメージを膨らませる力を養うことを目的としている。つまり、感性と表現の育成という視点から五領域の「表現」が設けられたことになる。

「表現」は音楽表現・造形表現・身体表現として区分されているが、幼児期の子どもにとって表現することは自由発想であり、生活のあらゆる側面すべてが子どもの自己表現なのである。

2. 子どものイメージ

ハーバード・リード（Harberd Read, 1893 - 1968）は、『芸術による教育』のなかで、子どものイメージについて次のように述べている。

> 幼い子どもたちにはイメージは極めて鮮明であり、多くの事例において、それは直観像ではないか、と信じる理由を私たちは見いだしました。しかし、子どもが成長してゆくにつれて、イメージは徐々にその強さと個別生を失い、概念という思考と推理の過程を助ける働きがそれに替わるのです。しかし、推理の高度な過程、すなわち直感と、パターンあるいは関係の全体性の把握が要求されるところでは、イメージが依然として重要な役割を果たしていることを、私たちは発見しました。

人が人として生まれ育ち、自然と直接的体験を通してからこそ生まれる直感がある。直感から体験を通して生まれてくる想像力である。しかし現代社会は自然と直接的体験が足りないといわれている。自然的体験は子どもにたくさんのことを学ぶ機会となる。緑豊かな自然の中で直接触れ、匂いを嗅ぎ、感じることは子どもの感性を豊かにする。さまざまな体験をしてこそ想像性豊かな子どもが育つのである。子どもの想像力は五感を通して想像することができる。そしてまた、直接的に見る色の体験や描画を通して想像力を養うことができるのである。子どもにとって感性を育てることは想像力を育てるということと比例するのである。

子どものこころは純粋で汚れを知らない。子どもは、生活の中で芸術的な美しさを無意識に見つけ出そうとしている。そしてあたかもそれは、要

求しているようにも思われる。子どもを取り巻く環境や自然の移り変わりにより、子どもの身に起こる新しい事実に対し、興味深く好奇心を持って、発見の喜びを全身の感覚で受け止めている。水や砂、粘土のような触感覚な遊びを十分に過ごした子どもは、豊かな情緒が養われ、社会性の広がりとともに創造性に満ちた造形活動の発達が見られるであろう。現代社会は直接的な体験が足りないといわれ、感性豊かなイメージが育たない。さまざまな体験をしてこそ感性豊かな創造が育つのである。子どもにとって感性を育てることは創造性を育てるということになる。しかし、成長と共にさまざまな外的要因から純粋な創造は変化をもたらせるのである。

　創造から現実のものに創られることがある。創造は未来への架け橋にもなるのである。

3. 遊びと創造

　現代は物で溢れている。物で溢れている中で、子どもは与えられたものでしか遊ばなくなっている傾向にある。子どもにとっての遊びの姿とは、創り出す喜びであり、創造性の素晴らしさや発想性の繰り返しこそが本来あるべき子どもの遊びの姿ではないであろうか。

　子どもにとっての本質は遊ぶことにある。したがって、遊びとは自発的なものである。遊びの基本にある自発性において、そのベースとなるのが好奇心である。好奇心がベースとなって、遊びが繰り広げられる。好奇心があるからこそ自発的になり遊ぶようになる。つまり、子どもの自発性を育てるためには、子どもが本来もっている好奇心を育てることが必要なのである。

　ただ、子どもが好奇心を発揮しようにも発揮する事柄、行動がなければ発揮することができない。そのために、子どもを豊かな環境、多様な環境に積極的にさらすことが大切なことである。そしてなにより好奇心を育てるには、周りの環境や、関わる人間関係が必要となるのである。

　『芸術による教育』の中で、ハーバードはフレーベル（Friedrich Wilhelm August Frbel, 1782 – 1852）が述べた遊びについて、次のことを述べている。

> 遊びは子どもにとって人間としての成長過程において最高の表現である。なぜなら、それのみが子どもの魂（たましい）の中にあるものの自由な表現だからである。それは、子どもにとってもっとも純粋でもっとも精神的な生産物であり、同時にまた、あらゆる段階、あらゆる関連における人間の生活の典型であり模倣である。

つまり、遊びは子どもにとって自由な表現方法であって、もっとも明確な形式である。遊びとは自発的であり、人間の本質は遊ぶことにある。遊びの基本にある自発性においても、もっとも基礎となるのが好奇心である。好奇心がベースとなって遊びが出てくる。自発性を育てるためには好奇心を育てることが必要である。子どもが好奇心を発揮し育て得る環境を積極的に用意しなくてはならない。より良い環境作りが大切になってくるのである。

子どもの生活は遊びであるといわれるほど、子どもの生活と遊びは一体であり、自由である。子どもの活動のほとんどが遊びの性格を持ち、遊びを通してさまざまなことを学習している。例えば、対人関係を伴う遊びを通して、決まり事や順番などを学ぶことができ、無意識のうちにコミュニケーションの取り方なども学ぶことができる。

4. 環境の変化

現代社会の生活環境の変化などによって、子どもの表現活動にも変化が生じているのも事実である。遊ばない子どもが増えてきたのは、現代社会における負（ふ）の現象であるが、幼児の遊びを通してこそ解決されることなのである。子どもは、無意識な存在であり、全て善である。保育者が手本となり、正しい姿勢を子どもに見せない限り、善悪の判断が分からないのである。

子どもは生活の大部分を創造の中で過ごしており、子どもの遊びは、子どもの生活における表現でもある。子どもの自由な表現、無意識な存在こそが、本来の子どもらしい表現のテーマである。感性豊かに、創造の世界

のすばらしさを表現することにより、無限に広がる創造を自由な発想で表現できる環境をつくり出さなくてはならない。保育者はさまざまな角度から手助けをすることが必要とされている。

第2節　子どもの絵の発達段階（擦画期から図式期）

1．1歳児頃から

1歳頃から、肩と手が連動して初めてこすりつけることを覚えはじめる。床や壁などにクレヨンやチョークなど色のつくおもしろさから、こすりはじめる。運動する快感と素材のおもしろさに興味を持ちはじめ、この時期の子どもの行為は、無駄なものではなく、意味ある行為なのである。この時期を「擦画期(さつがき)」という。

1歳半頃から、点描を描きはじめる。手の働きが生み出す表現方法でなぐり描きという。なぐり描きは親や周囲の環境からクレヨンやサインペンなどを与えられ紙に向かって遊んでいるうちに点や線を描くことができるようになってくる。この行為は手の機能の発達段階ともいえる。描くという意識ではなく手を動かすことができるという快感からくるものである。

なぐり描きの始まりは、一人遊びの形で絵を描くという表現方法を学んでいくということになる。手の感覚機能訓練でもあり、脳の発達段階でも

点描画

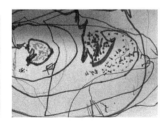

ある。月齢によって異なることがあるが、なぐり描きは万国共通で、点描画から始まる。

なぐり描きの時期が終わると、物と自分との関係性が理解し、目で見てそれを理解して絵を使い表現しようとする。次に形みたいなものが表現できるようになる。

2．2歳児頃から

2歳頃から、手の動きによる造形遊びや生活習慣により、新たな発達機能が生まれてくる。この頃になると、手の機能の中で指の発達機能による「つまむ」という行為が出てくる。この機能を獲得することにより、感覚機能が同時に発達してくる。視覚、聴覚、嗅覚、触覚などの感覚機能も発達するのである。

2歳半頃から言葉を理解できるようになり、おおよそ400語位の言葉を覚える時期にあたる。喃語を話すようにもなる。喃語とは乳児が発する意味のない言葉で、言葉を獲得する前段階で声を出す練習を学習している。「ジィージ」「マァーマ」「パァーパ」「ブゥーブ」などがあり、この時期の子どもは、これらの喃語に命名（意味づけ）しながら手を動かし、マルや縦線、横線を自由に表現できるようになる。

この時期の美術教育とは、子どもの発達に応じて、子どもの絵を発見し、子どもの絵を育てることが目的とされている。しかし、現代社会は、大人が子どもの絵の表現力と創造力をゆがめている。いちばんの問題が、「大人の絵を教えたがる大人」が増えているということである。つまり、花はこう描く、顔はこう描く、太陽はこう描く、と限定してしまい、子どもの本来持っている表現力や創造力、さらには観察力を遮断してしまうからである。

子どもが保育者に対して「描いて」とせがむ光景を、よく目にしたことがある。子どもの自主性を育てる大切さを理解しなければならない。「聞いてあげる絵」であり、子どもが表現することは、子どもの発達に必要不可欠な労働の一形態なのである。

3. 3歳児前後から

3歳前後の子どもの表現からは、丸が描けるようになってくる。この「象徴期」**(右ページ4. 及び図表6-1参照)** の前半は丸を描いてその中にまた丸を描き、口や目を描く。「これは、○○ちゃん」とはっきり命名して表現できる時期で、頭部人間を描きはじめる。この頭部人間のことを「頭足人」ともいう。頭足人を初めて描く人物は、母親である。生まれた時からだっこをされて、一番身近い人物であるからである。そして、この頭足人の登場こそが、子どもの宇宙観の広がりを、より鮮明に描き出される瞬間でもある。

今まで何の意味も持たなかった絵に意味をつけるということは、自分の頭の中で想像の世界と線が一つにつながるということになるのである。

このことについてローウェンフェルド（Viktor Lowenfeld, 1903-1960）は次のように述べている。

> 子どもはなぐり描きをしながら、何かお話をするようになってくる。汽車にも、おかあさんにも見えないけれども、かれは、「これは汽車」「これは煙」「これは買い物に行くおかあさん」といったりする。「このなぐり描きに注釈の付くこと」は、子どもの思考が全く変化したことを示しており、子どもの今後の発達にとって最も重要である。今まで子どもは、自分の動作だけに完全に満足していたが、それ以外は、動作と想像的経験とを結びつけるようになる。動作を介しての（運動感覚的思考）から絵画を介しての（想像的思考）へと変化したのである。生涯のほとんどの思考が、絵画を介しての思考と関係していることを考えるならば、この変化がいかに決定的なものであるかを理解することができる。

ゴッホ、ミロ、ピカソ、クレーなどの画家たちは、幼子の時の表現に戻り、作品を描き続けたと言われている。天才的デッサン力を身につけていた彼らからは想像ができないほど簡略化されているそれらの作品は、数多くの感動を人々に与えてきたのである。

4. 4歳児前後から

4歳頃にかけて、「多語文」でさかんな意味づけをするようになってくる。この意味づけは子どもの発達段階にとって、もっとも重要であり、頭の中で、想像力をふくらませ、クレヨンや鉛筆で、線を描き、そのイメージに意味を持たせ、線とクレヨンが一体化することによって象徴機能が少しずつではあるが発達するのである。

このように、自分が想像したものを象徴的に表現できる時期を「象徴期」「命名期」などという。または「カタログ期」「図式期前期」ともいわれている（**図表6-1参照**）。

カタログ期の絵

図表6-1　子どもの絵の発達段階

年齢	擦画期	錯画期	象徴期	カタログ期	図式期
1					
2					
3					
4					
5					
6					

出典：筆者作成

第3節　幼児期における感覚機能の発達

　子どもの発達の基本は、視覚、聴覚、触覚などの感覚の発達である。身の回りの現実を認識していく場合、感覚や知覚を基にして、認識したり、想像したり、回想したりする自発的な活動を行うものである。美術は感覚の発達と深い関係にあり、色彩、形態、バランス、構成などを正しく知覚することが造形表現の始まりである。乳児期において、知覚は加速的・集中的・集約的に発達するため、触れてみることで、感覚的能力の発達を促すことが保育の中心となる。

　子どもは、身近にある小さなものを一生懸命に見つめながら、わずかな形や色の違いを見分ける力を身につけるのである。この感覚をよりよく使う訓練のために、敏感な感受性が内面に生じるのである。感覚を磨いていく大切な時期とも言えるのである。換言すれば、一つひとつの感覚をよく磨くことが、将来において高い専門性、優れた芸術性、デリケートな道徳性などを身につけることのできる土台をつくることになる。

　人間的発達の基礎づくりをするためには、楽しく見る力を育て、発見する喜びの工夫が必要となってくる。人間としての正しい認識を獲得していく基礎は、それぞれの諸感覚である。したがって、知覚は生まれ持ったもの、また自然に備わっているものではなく、人間の知識や技術、社会での環境の中で身につけるものである。この知覚を通して、さまざまな感情が生まれ、その中で人間的認識が形成されていく。

　人間は、見る、聴く、嗅ぐ、触れる、味わう、という行為をし、その際に、目（視覚）・耳（聴覚）・鼻（嗅覚）・皮膚（触覚）・舌（味覚）という感覚器官を使う。感覚とは、目、耳、鼻、皮膚、舌を使い、人間の外側にあるものを自分の中に取り入れることである。感覚器官から環境刺激を受け入れ、その刺激が脳に伝えられる。そして、脳から次に運動器官に伝わるのである。これら「視覚・聴覚・嗅覚・触覚・味覚」は、人間が外の世界と関係を持つ大切な窓口である。

　この大切な窓口が完成し洗練されるのは3歳から6歳である。この時期

にこの五感を一つずつ使うことによって、それぞれの器官を完成し、その器官の持っている機能を洗練するのである。

表現感覚

幼児期において、園生活の中でさまざまな経験や関わりの中で、子ども個人が新しい感覚を身につけ、表現しようとする。子どもはそれらの新しい感覚を手に入れようと、いつもこころをワクワクさせている。環境の変化を敏感に察知し、繰り返すなかで、自己表現をしたいという感情をあらゆるものを使って表現しようとするのである。

(1) フィンガーペインティング

フィンガーペインティングは1931年、ローマで、ミス・ショウ（Shaw,R.F.年代不明）によって発明され、初めて幼児教育に紹介された。造形活動と精神衛生との結びつきを重要視し、「フィンガーペインティングは泥んこの直系の孫だ」というショウの主張と実践は、当時から大きな共鳴を巻き起こしていた。

また、ショウは以下の条件を満たすことによって、クレヨンや絵の具の領域ではない新しい材料を開発し、子どもの創造性を引き出すフィンガーペインティングの素材を創り上げたのである。

・水に溶けること
・泥んこの感触であること
・無害であること
・洗っても落ちること

指や手、全身に伝わる触覚や視覚、嗅覚を使って表現をし、感性を育てることのできるフィンガーペインティングは、子ども同士のコミュニケーションも生まれ、こころを解放する手段としての表現方法である。

フィンガーペインティングは幼児期にとって刺激的な好奇心をかき立てるものである。フィンガーペインティングとは、指に直接絵の具をつけ、紙や布などにこすりつけて表験することを言う。ただそれだけではなく、

全身を使い表現ができるということでもある。からだ全体から感じることのできる絵の具による触覚は、色彩を楽しむこともできる。

フィンガーペインティング

筆やクレヨン等で表現するものとは違い、全身から直接脳に伝わる。その刺激に対しての子どもたちの行動は、表現を楽しむだけではなく、「全身を汚すことへの喜び」が印象にもっとも残るものだということになる。

(2) 泥だんご

泥んこいじりをしている子どもの表情は、恍惚としている。泥がもつ特有の感覚は子どもにとって刺激的であり、心地よい感覚である。この接触感の満足が精神的な安定を取り戻し、「触れることへの喜び」が他の感覚機能の発達の基礎となるのである。土そのものに全くかたちがあるものではない。子どもが意のままに、かたちを作り上げることができる。

子どもが、泥だんごを自分の洋服で心をこめて磨いている姿をよく見かける。ピカピカに仕上がった泥だんごを大切に保管する。保管場所は子どもによってさまざまだが、誰にも見つからないようにと棚の隅であったり、靴箱の中であったりする。泥だんごは土に触れ、自分だけの宝物を制作する唯一の作品なのである。

創造性という観点からみると、子どもがもっとも好む遊びは、泥や砂で、全身を汚すことである。おもしろく遊ぶ。遊ぶから汚れる。汚れると、ますますおもしろい。遊びながら汚す。汚しながら遊ぶ。わざと、汚しているように受け止められる。

泥だんご

泥の温もりや温かさと、直接肌で感じることができる。それは開放感に満ちている。開放感が安心感に変わり、内なる感覚を最大に引き上げる手助けにもなる。

「汚しては行けません」「お洗濯が大変」などと言う保護者がいるが、それは、子どもの創造性や自由意志の芽を摘んでいることと同様である。汚れたら洗えばよいことで、手間を惜しんではいけない。また、子どもには絶えず気にかけ、言葉をかけ、絶え間なく善意ある関心を寄せることが大切なのではないであろうか。

第4節　まとめ

　子どもは、誕生の瞬間から自分自身を表現しはじめる。表現方法は単純かつ純粋で、誰も寄せ付けることのできない空想世界が子どものこころを支配しているのではないか、と思うような表現をすることが多くある。

　保育環境、保育者の表情や心の状態から、子どもは敏感に察知している。保育者は、精神的に落ち着いていることが必要となってくる。子どもの指導は間接的指導であり、デリケートであってほしい。

　つまり、子どもたちがデリケートな感受性に満ちて制作するときの必要な心理状態は、表現することが楽しくて、おもしろくてたまらないという状態である。そのために保育者は、常に子どもから愛されなくてはいけない。常に子どもを受け入れる姿勢である。子どもの表現は、指導者から受け入れられているという信頼関係で、計り知れない能力を発揮するものである。

　子どもは、自分の自由な行動を受け入れてくれる保育者を、愛に満ちていると感じる。それは、子どもの本能的感覚である。保育者は、子どもたちに大きな励ましを与えることである。「よくできたね」「すごいね」といった一言が、子どもの自信につながり、予想をはるかに超えた能力を発揮するのである。それらが、無限に広がる表現力につながってくる。お互いの信頼関係こそが、子どもの感性豊かな表現力の手助けになるのである。

第2部●子どもの表現

　子どもの表現力は、大人が想像する以上に直感力に優れている。保育者として、子どもの表現を温かく見守ることが大切である。もちろん、月日が記憶を消してしまうかもしれないが、純粋で透明な子どもの心を大切にしてほしい。保育者自身が、絶え間ない善意ある関心を子どもたちに向けてこそ、子どもの表現は大きく開花するであろう。

砂でつくった「かたち」は消えても、「表現」の経験は子どもを大きく成長させていく

【引用・参考文献】

　文部科学省編『幼稚園教育要領＜平成29年告示＞』フレーベル館、2017年

　厚生労働省『保育所保育指針＜平成29年告示＞』フレーベル館、2017年

　東山明・東山直美『子どもの絵は何を語るか——発達科学の視点から』日本放送出版協会、1997年

　谷田貝公昭監修、おかもとみわこ編著『保育内容シリーズ6　造形』一藝社、2004年

　ハーバード・リード（宮脇理・岩崎清・直江俊雄訳）『芸術による教育』フィルムアート社、2001年

　ジョン・ロック（北本正章訳）『子どもの教育』原書房、2011年

　ヴィクター・ローウェンフェルド（竹内清・武井勝雄・堀ノ内敏訳）『美術による人間形成——創造的発達と精神的成長』黎明書房、1995年

（おかもと・みわこ）

第3部

子どもを取り巻く環境

第7章

幼児教育における「自然」の効果とこれから

井門 彩織

第1節　自然との関わりと変化

　近年、身近な自然の減少は深刻になってきている。環境省自然環境局の「生物多様性総合評価報告」(2010)では、過去50年間における本来の生態系の状態からの損失は大きく、2010年以降も過去の開発、改変の影響や里地里山などの利用・管理の縮小、外来種の定着・拡大、地球温暖化が一層進むことにより、さらなる損失が予想されている。また、高度経済成長期以降、建材や食料などの生物資源を国外に依存したことによる国内の農地・森林への管理不足も問題となっている。このように自然の減少だけではなく、経済成長と共に日本人の自然との関わりが希薄になってきたことがうかがえる。

　このような自然環境の変化を背景に、日本の子ども達の自然と触れ合う機会はどのように変化してきているのだろうか。国立青少年教育振興機構(2016)の「青少年の体験活動等に関する実態調査（平成26年度調査）」では、9項目の自然体験の実施状況を調査している（**図表7-1**）。9項目中、「何

第7章 —— 幼児教育における『自然』の効果とこれから

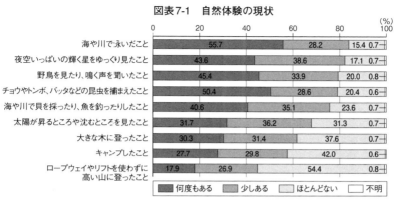

図表7-1　自然体験の現状

出典：［国立青少年教育振興機構、2016］を基に筆者作成

度もある」と50％以上が回答した項目は、「海や川で泳いだこと」「チョウやトンボ、バッタなどの昆虫を捕まえたこと」の2項目のみであった（**図表7-1**）。その他の7項目については、50％以上が「少しある」「ほとんどない」と回答しており、日本の子ども達にとって自然と関わる機会は日常的ではないと言えるであろう（**図表7-1**）。また、大越ら(2004)は、1963年以降に生誕した人は、それ以前に生誕した人に比べ、遊びや利用の対象となる動植物の種類が減少しているとも述べており、関わる自然が均一化(きんいつか)してきていることが分かる。

しかし、2005年〜2014年の10年間の自然体験の推移を見てみると、全項目で回復傾向にあった(国立青少年振興機構, 2016)（**図表7-2**）。一方で、学校以

図表7-2　各自然体験における「何度もある」と回答した割合の推移（％）

	2005年	2009年	2012年	2014年
海や川で泳いだこと	41.9%	39.7%	57.3%	55.0%
夜空いっぱいの輝く星をゆっくり見たこと	26.0%	32.6%	42.9%	42.7%
野鳥を見たり、鳴く声を聞いたこと	30.0%	31.4%	42.4%	45.7%
チョウやトンボ、バッタなどの昆虫を捕まえたこと	35.6%	32.3%	50.1%	49.6%
海や川で貝を採ったり、魚を釣ったりしたこと	26.9%	25.8%	40.2%	39.8%
太陽が昇るところや沈むところを見たこと	19.6%	23.6%	30.6%	30.9%
大きな木に登ったこと	19.1%	19.4%	31.0%	29.4%
キャンプしたこと	19.6%	17.7%	28.4%	26.8%
ロープウェイやリフトを使わずに高い山に登ったこと	9.5%	10.1%	17.9%	17.0%

出典：［国立青少年教育振興機構、2016］を基に筆者作成

外の団体などが行う自然体験活動への参加率は、2006年〜2012年に向かって10％以上低下していることが報告されている(国立青少年教育振興機構、2014)。この傾向は、2011年に改訂された学習指導要領において、自然体験の重要性と積極的な取り組みが推奨されたことが影響していると考えられ、自然体験活動の機会が学校教育に依存していることは明らかである(能條、2017)。

このように、自然体験活動が均一化し日常的でなくなった現代では、学校教育の中での自然体験のさらなる充実が重要となってきている。本章では、幼児教育の中での「自然」に注目し、その位置づけと効果、課題について述べていく。

第2節　幼児教育の中の自然の位置づけ

幼児教育において正式に自然が取り上げられたのは、1926年「幼稚園令」制定により誕生した保育項目「観察」である。制定当初は、主に飼育、栽培、観察の取り組みが行われてきたが、科学教育の振興により幼児教育独自の理論で「環境に関わって活動するといった体験的な教育の重視」へと展開され、幼児が直接自然から学ぶことを理想としていった(瀧川、2006)。これらの考え方は、戦後の幼稚園教育要領・保育所保育指針における「自然」「環境」へと受け継がれている。第2節では、戦後から現在に至るまでの「自然」の位置づけについて見ていきたい。

戦後における「自然」は、1948年には保育要領の「楽しい幼児の経験」の1つとしての「自然観察」、1956年には幼稚園教育要領における6領域の中の「自然」、1989年には5領域に改訂され「環境」の中に位置づけられている。また、2017年の改訂では「幼児期の終わりまでに育ってほしい姿」が加えられ、その10項目の1つとして「自然との関わり・生命尊重」と明記された。

第7章 —— 幼児教育における『自然』の効果とこれから

図表7-3　自然の経験の計画例

		要旨	注意
4月	小川遊び	めだか・おたまじゃくし・たにし等を捕り、ささ船を流し、春の自然を体験させ	浅い危険のないところ。たんぽなどもよい。手や足を洗う場所を考慮にいれる。
5月	草花つみ	野原で草花をつんで遊ばせ、春の自然を楽しむ。	四月下旬から五月上旬がよい。危険のない場所で自由にのんびりと草花をつんで遊ばせる。 花‥‥つめくさ・れんげそう・たんぽぽ等 草‥‥のびる・はこべ・すいば等
6月	かえるつり	小川や池などで、かえるやえびがにをとって遊びながら観察させる。	つるには小さい棒に糸をつけて虫をくくりつける。
7月	水遊び	砂場で水鉄砲をしたり、じょうろで水をまいたりして遊ばせる。	人に水をかけないように、けんかのもとにならないように社会性の発達を考慮する。
9月	秋の草花つみ	すすきの穂が出、はぎが咲くころ。秋の野原でおもしろく草つみをして遊ばせ	月見の行事と結びつけるのもよい。すすきは手を切るので注意を要する。
10月	どんぐり拾い	どんぐりがおちるころ、どんぐりを拾って遊ばせる。	拾ったどんぐりでいろいろ遊びをさせる。
11月	落ち葉拾い	雑木林の中にみちびいて落ち葉を拾いながら遊ばせる。	落ち葉だけでなく、きのこ、その他なにに及ぶのもよい。落葉はただ拾うだけでなく、並べたりして落ち葉遊びするとよい。
12〜3月	雪遊び	適当に雪が降った時、雪投げや、雪だるまを作って遊ばせる。	終わったあと手を暖めたり、足をかわかしたりすることを忘れてはならない。

出典：[民秋、2017] を基に筆者作成

1.「楽しい幼児の経験」としての「自然観察」

1948年保育要領に示された「楽しい幼児の経験」の1つとしての「自然観察」では、科学的態度を養うことを目的としており、「幼児期から素ぼくな直観によって物事を正しく見、正しく考え、正しく扱う基礎的な態度を養うことがたいせつである」とされている（民秋，2017）。また、共に図表7-3に示すように4月〜3月までの「自然の経験」が明記され、季節ごとの身近な動植物や水・雪といった季節感のある体験を列記している。

2. 6領域の中の「自然」

1956年幼稚園教育要領が初めて文部省より発刊され、保育内容6領域の1つとして「自然」が挙げられている。1956年版では「見る」「聞く」「世話をする」「気づく」「遊ぶ」と表現されているが、1964年の改訂では「親しむ」「見たり考えたり扱ったりする」「技能を身につける」「興味や関心を持つ」といった表現に変化している（図表7-4）。1956年の「自然」では、具体的な望ましい経験が明示され、体験させることを中心としているが、1964年の改訂では「幼児の具体的かつ総合的な経験や活動は適切に配列する」と明示されたことから、具体的な体験も明示しつつ、保育者が

図表7-4　1956年と1964年の領域「自然」の中の内容比較

1956年	1964年
1. 身近にあるものを見たり聞いたりする。	1. 身近な動植物を愛護し、自然に親しむ。
2. 動物や植物の世話をする。	
3. 身近な自然の美しさに気づく。	2. 身近な自然の事象などに興味や関心を持ち、自分で見たり考えたり扱ったりしようとする。
4. いろいろなものを集めて遊ぶ	3. 日常生活に適応するために必要な簡単な技能を身につける。
5. 機械や道具を見る	4. 数量や図形などについて興味関心をもつようになる。

出典：〔瀧川、2006〕を基に筆者作成

活動の中に「ねらい」を考え、取り入れていかなければならなくなった（瀧川，2006）。また、1960年代は、高度経済成長期にあたり、都市化や開発による自然の減少や大気汚染などの公害問題が深刻になってきた時期である。そういった背景も反映され、身近な自然との関わりを重視し、身近な動植物の性質や成長に興味を持たせる科学的知識と、身近な動植物を愛護し、自然に親しむという愛護思想が取り入れられている。

3. 5領域「環境」の中の「自然」

　1989年6領域から5領域へと組み替えられ、自然は「環境」の一部に組み込まれた。領域「環境」は、「自然と身近な環境とのかかわりに関する領域」とされ、動植物との関わりや身近な環境、物との関わりをねらいとしている。

　1989年から現在に至るまで3回の改訂が行われており、1989年の「環境」では、〔この領域は、自然や社会の事象などの身近な環境に積極的に関わる力を育て、生活に取り入れていこうとする態度を養う観点から示したものである〕と示されていたが、1989年以降は、〔周囲の様々な環境に好奇心や探求心をもってかかわり、それらを生活に取り入れていこうとする力を養う〕と示されている。1989年以降の「環境」では、積極的に関わるだけではなく、好奇心や探求心の育成に力を入れていることが分かる（瀧川，2008；文部省，2008）。

　また、2017年の改訂では、「幼児期の終わりまでに育ってほしい姿」が10項目示されている。領域「環境」に含まれる項目は、**図表7-5**に示すように「(4) 道徳性・規範意識の芽生え」「(5) 社会生活との関わり」「(6)

図表7-5　領域「環境」のねらい、内容と「幼児期の終わりまでに育ってほしい姿」との対応

領域「環境」のねらいと内容			幼児期の終わりまでに育って欲しい姿
ねらい	(1)	身近な環境に親しみ、自然と触れ合う中で様々な事象に興味や関心をもつ。	(7) 自然との関わり・生命尊重
内容	(1)	自然に触れて生活し、その大きさ、美しさ、不思議などに気付く。	
	(3)	季節により自然や人間の生活に変化のあることに気付く。	
	(4)	自然などの身近な事象に関心を持ち、取り入れて遊ぶ。	
	(5)	身近な動植物に親しみをもって接し、生命の尊さに気付き、いたわったり、大切にしたりする。	
ねらい	(2)	身近な環境に自分から関わり、発見を楽しんだり、考えたりし、それを生活に取り入れようとする。	(6) 思考力の芽生え
内容	(2)	生活の中で、様々な物に触れ、その性質や仕組みに興味や、関心をもつ。	
	(8)	身近な物や遊具に興味をもって関わり、自分なりに比べたり、関連付けたりしながら考えたり、試したりして工夫して遊ぶ。	
ねらい	(3)	身近な事象を見たり、考えたり、扱ったりする中で、物の性質や数量、文字などに対する感覚を豊かにする。	(8) 数量や図形、標識や文字などへの関心
内容	(9)	日常生活の中で数量や図形などに関心をもつ。	
	(10)	日常生活の中で簡単な標識や文字などに関心をもつ。	
	(12)	幼稚園内外の行事において国旗に親しむ。	
内容	(7)	身近な物を大切にする。	(4) 道徳性・規範意識の芽生え
内容	(6)	日常生活の中で、我が国や地域社会における様々な文化や伝統に親しむ。	(5) 社会生活との関わり
	(11)	生活に関係の深い情報や施設などに興味や関心をもつ。	

出典：[民秋, 2017] を基に筆者作成

思考力の芽生え」「(7) 自然との関わり・生命尊重」「(8) 数量や図形，標識や文字などへの関心」の5項目である (民秋, 2017)。2017年の改訂により、領域「環境」を通して目指す姿が明示されることとなった。

　ここまで戦後から現在に至るまでの幼児教育における「自然」の扱われ方を見てきた。高度経済成長期の自然環境や社会の変化の中でも、自然との関わりが変わらず重要視されてきたことが分かる。そればかりか、自然と関わることで「科学性の芽生え」だけではなく、「豊かな人間性」「思考力の芽生え」などの育成も望まれるようになってきている。

第3節　自然との関わりによる子どもの成長

　では、具体的に自然体験から子ども達にどのような成長が望めるのだろうか。山本ら (2005) は、自然体験活動が豊富であるほど、望ましい生活習慣が身につき、好奇心、自己判断、集中力や観察力、学習能力や学習意欲、人間関係やコミュニケーション能力が高いと述べている。また、「青少年の体験活動などの自立に関する実態研究」によると、自然体験が豊富な人ほど、自立的行動習慣が身についていると考えていると報告している。特に、「困った時でも前向きに取り組む」「分からないことは、そのままにしないで調べる」「困っている人がいた時に手助けする」の3項目では、自然体験を最も行っていない人に比べ、「とても当てはまる」と回答した比率が3倍を超えていた (国立青少年教育振興機構, 2011年)。

　さらに、平成27年版子供・若者白書 (2015) では、体験活動の意義・効果として、「社会を生き抜く力」の養成、規範意識や道徳心の育成、学力への好影響をあげている。特に自然体験をしている小中学生の方が理科の平均正答率が高くなっていた (内閣府, 2015)。つまり、子どもの頃の自然体験活動は、「科学性の芽生え」「豊かな人間性」「思考力の芽生え」に大きく影響を及ぼしており、生きる力の基礎を育むことに役立っているのである。

第4節　動物飼育から期待される効果と課題

　第2節において、幼児教育における「自然」の位置づけを見てきた。幼児教育の中において、「自然」とは自然との関わりだけでなく、飼育による動物との関わりも含み取り扱われている。ここでは、動物飼育から期待される効果と課題について述べていく。

　日本の保育史において、動物飼育に関する記述が見られるのは1885年である (谷田ほか, 2008)。その後、1926年に制定された「幼稚園令」に保育項目「観察」が加えられたことにより、各地に動物飼育は広まっていった

図表7-6　動物飼育から得られる効果

社会的効果	コミュニケーション（言語・非言語）の促進、自立・集団活動への参加・集団雰囲気の改善など
身体的効果	運動技能、生活技能、健康増進・維持、免疫系の発達など
心理的効果	不安軽減、ユーモア、笑い、自尊心の高まり、情愛共感、責任感など
科学的知識	生態学的知識、自然観、死生観、観察力、洞察力、決断力、マザーリングなど

出典：［中川、2011；甲田、2011］を基に筆者作成

（文部省,1979）。動物飼育の重要性は、19世紀からアメリカやドイツなどでも指摘されており（Hodge, 1972；Guillet, 1904）、近年では「ヒトと動物の相互作用」に関する研究の促進から、人の健康や福祉に良い影響を与えることが科学的、医療的に証明されている。これらのことから、福祉や教育の現場において動物の可能性が改めて注目されている。

　具体的には、動物飼育からどのような効果が期待できるのだろうか。中川（2011）、甲田（2011）では、**図表7-6**に示すように社会的効果、身体的効果、心理的効果、科学的知識などが得られると報告している。また、谷田ら（2008）では、広島県内の幼稚園において動物飼育の教育効果について尋ねたところ、心の教育や死生観、動物との触れ合い、理科的な知識、心を癒すといった効果が挙げられた、と報告している。これらの報告のように、動物飼育から得られる効果は多岐にわたっており、動物を介在させた教育への関心が高まりつつある。関心の高まりを受け、人と動物の関係に関する国際組織（IAHAIO）は2001年のリオ宣言において「動物介在教育実施ガイドライン」を定めている。

　このように動物飼育から得られる効果に期待が集まる一方、多くの問題も発生している。谷田ら（2008）では、動物飼育を行っている90％以上の幼稚園で複数の問題を抱えていることを報告している。動物飼育による教員の負担増といった日常管理から、人畜共通感染症といった衛生管理、繁殖管理、動物の行動に関する問題などが挙げられており、動物飼育の形骸化や劣悪な飼育環境、教員の知識不足などの問題があることが指摘されている（谷田ら,2008）。また、**図表7-6**のような効果を得るためには、子どもが動

物と関わるという実体験をすれば良いというものではない。Melson（1991）では、子どもとペットの間にどのような絆が形成されているかに着目することが重要であると指摘しており、甲田（2011）では、子どもと動物の関係だけではなく、保育者と子ども、保育者と動物の適切な関係作りも重要だと述べている。

　動物飼育から期待される効果は、大きく魅力的である。しかし、動物は命ある生き物であり、子どもと同様に正しい知識の基に向き合い、接することが重要である。谷田ら（2014）で述べられるように、動物は「魔法の杖」ではないことを再認識するべきである。動物飼育から多くの効果を引き出し、教育の中で活用していくためには、保育者の力が必要不可欠である。そのためには、動物飼育をする意図を明確にし、動物に関する正しい知識を持ち、時には動物の目線に立って考えることも必要であろう。

　幼児教育における自然の位置づけと自然や動物飼育から得られる効果、課題について述べてきた。近年では、都市の発達や便利な生活様式へと変化したことにより、自然と人との距離が離れつつある。しかし、私たちの暮らしは自然と切り離すことはできず、自然からの恩恵を受けながら生きているのである。私たちが、幼児教育の中で自然を活かしていくためには、人間の福祉だけでなく、自然環境の福祉、動物福祉にも目を向け、人と自然が共生できる社会づくりを行っていく必要があるであろう。

【参考文献】

Guillet,C. "A glimpse at a natureschool", Pedagogial Seminary,11,1904,pp.91-98

Hodge, C.F., "Foundations of nature study Ⅲ", Pedagogial Seminary,7,1900,pp.208-228.

環境省自然環境局編「生物多様性総合評価報告」生物多様性総合評価検討委員会監修、環境省自然環境局、2010年

甲田菜穂子「身近な動物との関わりから学べること」『教育と医学』2011年、pp.86-92

国立青少年教育振興機構「青少年の体験活動等に関する実態調査（平成26年度調査）」独立行政法人国立青少年教育振興機構、2016年

国立青少年教育振興機構「青少年の体験活動等に関する実態調査（平成24年度調査）」独立行政法人国立青少年教育振興機構、2014年

国立青少年教育振興機構「青少年の体験活動等にと自立に関する実態調査（平成22年度調査）」独立行政法人国立青少年教育振興機構、2011年

Melson, G.F., "Studying children's attachment to their pets: Determinants and correlates.", Anthrozoos, 4(2), pp.91-99.

文部科学省『幼稚園教育要領＜平成20年告示＞』フレーベル館、2008年

文部省『幼稚園教育百年史』ひかりのくに、1979年

内閣府『平成27年版子供・若者白書』2017年

中川美穂子「『動物らしさ』と、自分自身の体の成り立ちへの理解のために　総合的学習の時間・命の教育」『教育と医学』2011年、pp.64-73

能條歩『学校教育を活かす自然体験教育（自然体験教育ブックレット1）』NPO法人北海道自然体験活動サポートセンター、2017年

大越美香・熊谷洋一・香川隆英「里山における子ども時代の自然体験と動植物の認識」『ランドスケープ研究』2004年、pp.647-652

瀧川光治『日本における幼児期の科学教育史・絵本史研究』風間書房、2006年

民秋言編『幼稚園教育要領・保育所保育指針・幼保連携型認定こども園教育・保育要領の成立と変遷』萌文書林、2017年

谷田創・木場有紀『保育者と教師のための動物介在教育入門』岩波書店、2014年

谷田創・木場有紀『動物による子供の心の育成——動物介在教育』森裕司・奥野卓司編『ヒトと動物の関係学第3巻　ペットと社会』岩波書店、2008年

山本裕之・平野吉直・内田幸一「幼児期に豊富な自然体験活動をした児童に関する研究」『国立オリンピック記念青少年総合センター研究紀要』2005年

（いもん・さおり）

第8章

入院加療している子どもと保育

西山 里利

第1節　入院加療による患児と家族の体験

　子どもの健やかな成長発達を支援するためには、子どもの状態や状況を把握し、保育計画に沿った援助を行うと共に、その時々に応じた柔軟な対応が求められる。特に、病気をもち入院を余儀なくされる子ども（以下、患児とする）は、疾病や治療、検査等による身体的な苦痛に加え、入院加療による環境の変化等に直面し、心理的にもさまざまな影響を及ぼす。そのため、患児の闘病生活や成長発達を支援する保育士等は、患児の心身の状態を把握し、その状態に適した援助を行う必要がある。

1.　入院における患児の体験

　入院により患児は心身共にさまざまなことを体験している。
　身体面では、罹患した病気の症状として、発熱、嘔気・嘔吐、呼吸困難、出血傾向などが出現する場合がある。治療によっては、苦い薬も飲まなければならなくなる。薬の副作用が生じる場合もある。侵襲を伴う治療や検

査によっても苦痛が生じる。例えば、注射や点滴、腰椎や骨髄の穿刺、腎生検などである。鼻や口からの吸引や酸素吸入などの呼吸に関する処置を受けたり、自動血圧計や心電図モニターなどの医療機器を装着しなければならない場合もある。侵襲を伴う検査や処置では、安全のために身体を固定する必要があるため、一時的に身動きがとれない苦痛もある。疾患や手術、検査等によっては飲食の制限もある。これら、痛みや呼吸、食事や動きなど、生活上、さまざまな身体的苦痛を強いられている。

　心理社会面においても、さまざまな体験をしている。入院により家や家族から引き離され、多くの場合が一人で、非日常的な空間である病院の環境で生活しなければならない。医師、看護師、診療放射線技師、栄養士、ソーシャルワーカーなど、入院当初より、さまざまな職種の者が入れ替わり立ち代わり病室を訪れる。入院による環境の変化は精神的に影響を及ぼし、泣き叫ぶ、無表情や無気力になる、退行現象が生じる等の反応が出現することもある。

　また、多くの病院において、感染予防の関係上、15歳未満のきょうだいや友達とは面会できず、親などの家族との面会も制限される。病状によって、急に検査や処置が行われることもある。見慣れない医療器具や処置室は、何をされるのか、痛いのではないかなどの不安や緊張、恐怖が生じる。長期間、ベッド上安静や創部固定が必要な場合は、動きたくても動けないストレスフルな状況にある。病室ではベッドとその周辺が家代わりになり、他者との物理的な境界も狭く、プライバシーが侵害される機会が増える。通っていた保育所や幼稚園、学校などから隔絶されるため、それまでの人との交流が絶たれ、孤立感を味わう。常に家に帰ることを願っているが、医師による外泊や退院の許可がなければ、それもかなわない。

　認知思考では、特に乳幼児は発達過程にあり、時間の概念や因果関係の理解などが未発達である。論理的思考ができず、病気の理解が十分にできない。そのため、病気になったことを自分への罰と捉えてしまうことがある。何のための入院、治療なのかわからないことは、信頼関係や闘病意欲に影響を及ぼす。治療の終わりや退院の見通しが持てないことは、闘病意欲の低下を招く。

このように患児にとって入院加療は、心身にさまざまな影響を及ぼす。そのため、患児の心身の状態をふまえて、病気や治療に対する理解の状況、入院生活に対する気持ちや思いを把握し、援助していく必要がある。

2. 親、きょうだいの体験

　患児の入院加療により、親やきょうだいもさまざまな体験をしている。

　親は患児の発病によって、遺伝や子育て、養育環境など親としての自身に関わるさまざまな要因を探り、自責の念にかられる。患児の心身の状態は、不安を増強させることもある。これまでの生活スタイルや家族関係が崩れ、再構築を迫られる。時間的、経済的な負担も増える。代われるものならば代わってあげたいと思っても、患児を見守ることしかできない無力感に打ちひしがれる。きょうだいへの影響にも心を悩ませる。

　一方、きょうだいは、成長発達過程にあるがゆえに、患児の入院加療の意味が理解できないことがある。患児の世話にかかりきりの親をみて、自分に向き合ってもらえない疎外感や孤独感、自分は必要とされてないのではないかという思いを持つこともある。また、これまで一緒に生活していた空間から患児がいなくなったことによる虚無感も生じる。会いたくても、病棟内での面会はできない。本来、家庭できょうだいと一緒に生活し、遊び、同じ時間や空間、体験を共有することを通して成長発達していく。その家庭環境やきょうだい関係がバランスを崩し、心身に支障を来す場合もある。

　このように、患児の入院加療は、親・きょうだいにもさまざまな影響を及ぼす。家族がどのような気持ちや思いでいるのか、家族の状況を情報収集し、支援に活かしていく必要がある。

第2節　小児医療チーム

1. 小児医療に携わる職種と構成

　患児と家族の支援は、医師、保健師、助産師、看護師、薬剤師、診療放

第8章 —— 入院加療している子どもと保育

図表8-1　小児医療に携わる職種と構成

出典：筆者作成

射線技師、臨床検査技師、作業療法士（OT）、理学療法士（PT）、栄養士、臨床心理士、医療ソーシャルワーカー（MSW）、保育士、チャイルド・ライフ・スペシャリスト（Child Life Specialist：CLS）、ホスピタル・プレイ・スペシャリスト（Hospital Play Specialist：HPS）などで構成される小児医療チームと関連職種（**図表8-1**）が連携を図り、行っている。

2. 入院している子どもの権利

患児に対する関わりの前提は、子どもの最善の利益を保障することである。1989年に「児童の権利に関する条約（子どもの権利条約）」として、生きる権利、育つ権利、守られる権利、参加する権利の4つの権利が国連総会で採択された。1990年には、国際条約として発効された。

ヨーロッパでは、1982年にWHOが「病院における子どもの看護の勧告」

図表8-2　入院している子どもの権利に関する十ヵ条憲章

1	子どもの入院は必要なケアが家庭で行えない時のみとする。または通院で行う。
2	入院中の子どもは、いつも両親と一緒にいる権利をもっている。この権利は子どもにとって最大の関心事である。したがって、すべての親に宿泊施設を提供し、子どもに付き添いができるようにしなければならない。さらに、子どものケアを両親が共有できるよう病棟の日課を詳しく説明し、積極的に参加できるようにしなければならない。
3	子どもと両親は、その年齢、理解力に応じて適切な情報を得る権利をもっている。
4	子どもと両親、またはそのどちらかは、子どものヘルスケアに関する決定のすべてに、事実を知った上で参加する権利をもっている。すべての子どもは不必要な治療から守られ、心身のストレスを軽減する方法がとられなくてはならない。
5	子どもは思いやりと理解をもって対処され、そのプライバシーはいつも尊重されなくてはならない。
6	子どもに関する適切な教育を受け、発達段階に応じて、それぞれの子どもの身体的、精神的ニーズを十分に理解しているスタッフからのケアを、子どもは経験する必要がある。
7	子どもは自分の衣服を着ルし、私物を持ち込んでよい。
8	子どもは同年齢の子どもの中でケアされなくてはならない。
9	子どもはそのニーズを満たすために、安全な玩具や設備の整った環境でケアされなくてはならない。
10	子どもは年齢や病状に応じて、遊び、レクリエーション、教育の機会が与えられなくてはならない。

出典：[D.MacCarth著、鈴木敦子訳、1997] を基に筆者作成

を出し、1984年にイギリスの民間組織である病院における子どもの福祉のための全国協議会（NAWCH）が「入院している子どもの権利に関する十ヵ条憲章」（**図表8-2**）を制定している。

1988年には、病院の子どもヨーロッパ協会（EACH）が「病院のこども憲章（EACH憲章）」（**図表8-3、8-4**）を出している。アメリカやカナダでは、1970年代以降、病気を持つ子どもの権利が重視されるようになった（楢木野, 2006）。一方、日本においては、「子どもの権利条約」が1994年に批准され、1999年に日本看護協会から「小児看護領域の看護業務基準：小児看護領域で特に留意すべき子どもの権利と必要な看護行為」が示された。

このように、子どもの最善の利益の保障を前提として、小児医療チームと関連職種はチーム間で連携をとり、環境を整え、支援していく必要がある。保育士は、医療チームの一員として、子どもが安心して入院生活を送り、健やかに成長発達していけるよう、子どもと家族の援助を行っていくことが重要である。

図表8-3　病院のこども憲章

1	必要なケアが通院やデイケアでは提供できない場合に限って、こどもたちは入院すべきである。
2	病院におけるこどもたちは、いつでも親または親替わりの人が付きそう権利を有する。
3	すべての親に宿泊施設は提供されるべきであり、付き添えるように援助されたり奨励されるべきである。親には、負担増または収入減がおこらないようにすべきである。こどものケアを一緒に行うために、親は病棟の日課を知らされて、積極的に参加するように奨励されるべきである。
4	こどもや親たちは、年齢や理解度に応じた方法で、説明をうける権利を有する。身体的、情緒的ストレスを軽減するような方策が講じられるべきである。
5	こどもたちや親たちは、自らのヘルスケアに関わるすべての決定において説明を受けて参加する権利を有する。すべてのこどもは、不必要な医療的処置や検査から守られるべきである。
6	こどもたちは、同様の発達的ニーズをもつこどもたちと共にケアされるべきであり、成人病棟には入院させられない。病院におけるこどもたちのための見舞い客の年齢制限はなくすべきである。
7	こどもたちは、年齢や症状にあったあそび、レクリエーション、及び、教育に完全参加すると共に、ニーズにあうように設計され、しつらえられ、スタッフが配属され、設備が施された環境におかれるべきである。
8	こどもたちは、こどもたちや家族の身体的、情緒的、発達的なニーズに応えられる訓練を受け、技術を身につけたスタッフによってケアされるべきである。
9	こどもたちのケアチームによるケアの継続性が保障されるべきである。
10	こどもたちは、気配りと共感をもって治療され、プライバシーはいつでもまもられるべきである。

図表8-4　病院のこども憲章ポスター

出典：
[*Each Charter*、野村みどり訳、1988]より

第3節　医療保育士の資格と役割

1. 医療保育士とは

　医療の現場では、医療保育士や医療保育専門士等の職種がある。
　医療保育士とは、金城・松平 (2004) は、「小児医療において子どもの発達支援、日常発達支援、家族支援などを主な業務とし、医療の場に医療職ではない子どものための職業として位置づける保育の専門職」と定義づけている。また、「病棟や外来、病児保育や障害児施設など、医療と接点の深い医療保育現場で働く保育士」(帆足, 2009) とされる。したがって、医療の場で子どもの発達支援、日常発達支援、家族支援などに携わる保育士であると言える。医療保育士と同義に、病棟保育士、臨床保育士、病院保育士が用いられることもある。必要な資格は保育士である。
　2002年、診療報酬改定により保育士加算が設置され、診療報酬上も、医療保育士の必要性が認められた。しかし、2010年の在職数は、132施設中86施設 (65.2%) であり、うち1名配置50施設 (58.1%)、2名配置21施設 (24.4%) との報告 (中村, 2012) がある。直近の調査報告はないが、未だ充足していないことが推測される。
　一方、医療保育専門士とは、病棟保育、外来保育、病児・病後児保育、障害児保育等に従事する保育士のさらなる専門性を高めた職種として位置づけられている。医療保育専門士になるには、日本医療保育学会が認定する資格を取得する必要がある (原田, 2007)。保育士の資格を有するなどの一定の条件を満たした者が、研修や研究論文等、協会が定めたプログラムに合格し、認定される。2015年時点で130名が認定されている。

2. 医療保育士の関連職種

　医療保育士と関連する職種に、海外では、米国発祥のCLS、英国発祥のHPSがある。CLS、HPSの共通点は、病気や障がいを有する子どもの成長発達支援、入院や治療によるトラウマを軽減・緩和する援助、発達段階や

個別性をふまえて、子どもが主体的に取り組めるような環境調整、子どもや家族の個々のニーズに応じた心理社会的支援等（原田・相吉・祖父江, 2013）を行うことである。

CLSは、医療環境における子どもと家族に心理社会的支援を提供する。子どもや家族が抱え得る精神的負担を軽減し、子どもが主体的に医療体験に臨めるように支援している。北米の学士課程や修士課程でチャイルド・ライフの理論と実践を履修し、修了する必要がある。現在、国内では29施設40名（チャイルド・ライフ・スペシャリスト協会, 2016）のCLSが活躍している。

図表8-5　医療保育士、CLS、HPSの各役割と主な活動

	医療保育士（病棟保育士）	チャイルド・ライフ・スペシャリスト（CLS）	ホスピタル・プレイ・スペシャリスト（HPS）
役割	1. 子どもの保育への支援を専門的知識と技術をもって実施する。子どもを保護育成・教育する親や保護者をはじめ、子どもにかかわる周囲の大人に対する相談や指導の役割を果たす。 2. 子どもに生活習慣を身につけさせ、社会性を養うためのかかわりを持つ。また、周囲の大人に対して、専門的知識・技術に基づいた育児相談や育児指導を行う。	子どもと家族が入院・闘病中に抱える不安やストレスを最小限にして、子どもが安心して主体的に医療と向き合い、医療体験を前向きに捉えることができるように、心理社会的支援を提供する。子ども主体の家族中心医療（Family-CenteredCare）を目指す。	1. 病院のプレイルームやベッドサイドにおける日常の遊びや創作的な活動を行い、子どもの発達を促す活動をする。 2. 病院において実施される治療が子どもにとって理解できるよう、そして協力できるよう遊びを使った準備をする。 3. 病児の家族ときょうだいを支える。 4. 遊びを使った個別の観察内容を医学的な判断に反映させる。 5. 社会に対して病児と遊びが結びつくことがいかに子どもの福祉に大切なのかを啓蒙する。 6. 同年代の子どもたち同士の友情や活動が深まるように促す。 7. 行事など特別なイベントを組織し実行する。
主な活動	1. 発達段階に応じた日常生活の援助および生活習慣獲得に向けての援助（食事・排泄・清潔・睡眠・生活リズム・衣類の調整・環境整備） 2. 個別性に応じた遊びの工夫および集団でのレクリエーションの企画・運営 3. 思いやり、いたわり、わかり合うこと、励まし合っていくこと等、人間性を育んでいくためのかかわり 〈主な活動内容〉 ・患児の情報収集とカンファレンスへの参加 ・禁飲食患児の把握と授乳・食事・おやつ介助 ・プレイルームの環境整備（消毒、安全点検含む） ・午睡の援助 ・おもちゃ・絵本、筆記用具等の点検と管理 ・個別保育 ・お祝いカード作製（誕生日・退院など） ・病棟内のドアや壁の装飾づくり ・行事の準備と実施	1. 子どもとの信頼関係づくりとアセスメント 2. 遊び・アクティビティの提供 3. 治療的遊びの提供（メディカルプレイ、セラピューティックプレイ） 4. 痛みや苦痛を伴う処置・検査中の精神的サポート（ディストラクションなど） 5. 子どもの発達段階・理解度に応じた説明（手術・検査・処置など）と心の準備（プリパレーション：事前説明・心理社会的支援） 6. 医師による家族説明への同意、受け止め確認とその後のフォローアップ 7. 子どもに優しい医療環境づくりと病棟イベント、行事の提供 8. 両親・兄弟姉妹への心理社会的支援 9. 退院準備、復学に向けた支援と連携 10. ターミナルケア、グリーフケア／Bereavement Support 11. 危機的状況への介入（救急外来）	1. Normal Play（普段の遊び） 2. Distraction Therapy（気を紛らわす遊び） 3. Preparation for Procedures（手術の準備） 4. Post Procedural Play（手術後の遊び） 5. Individual Referrals（個別援助） 6. Working with siblings（きょうだいのサポート）

出典：筆者作成

HPSは、遊びの持つ力を最大限に引き出し、病児の情緒や発達段階に応じたニーズに遊びを用いて応えていくことができる専門職（松平, 2010）である。国内では、2007年より静岡県立大学短期大学部が養成を行っている。理論と実践に関する数カ月の講座を修了する必要がある。2014年の時点で129名がHPSに認定されている（松平, 2015）。

　国内では、CLS、HPSに相当する心理社会的支援に特化した活動を行う専門職として、子ども療養支援士（CCS）を設けている。この職種は、子ども療養支援協会による資格認定であり、2011年度から養成コースが開始された。日本の文化と社会に沿った考え方と方法に従い教育・養成し、より専門性の高い人材の育成を行っている。2015年度で19名が認定されている（後藤, 2016）。

3. 各職種の役割と主な行動

　医療保育士、CLS、HPSの各役割と主な活動について、図に示す（**図表8-5**）。これらの職種の共通する関わりは、患児に安心できる場を提供し、遊びなどの活動を用いながら主体的に取り組めるように支援していることである。小児医療チームの構成員として、それぞれの役割を果たし、各職種が連携を図り、患児と家族の支援を行っている。

第4節　医療における子どもと保育

1. 子どもの持つ力

　乳幼児期は、身体的な機能が未発達であるため、症状の進行が早く、重症化、全身化しやすい。心理面においても、環境による影響を受けやすい。その一方、大人に比べて回復が早く、環境への適応も早い特徴がある。

　患児にとって、入院加療による苦痛体験は、心身ともに影響を及ぼす。しかし、それらを乗り越えることのできる回復力、生命力、適応力を子どもは持っている。つらい点滴であっても、点滴ボトルやカバーに大好きな

キャラクターのシールが貼られた瞬間に、苦痛が消え去ることがある。侵襲を伴う処置を前にして、必要性を理解していれば、泣きながらもがんばって臨むことができる。

このように、患児は、入院加療によるさまざまな苦痛を乗り越える力を持っている。保育者はこの強みを活かし、子どもが持つ力を引き出せるように支援していく必要がある。

2. 遊びの持つ意味

入院直後、緊張や不安から、表情がこわばっている子、ベッドから出ようとしない子、激しく泣き続ける子等がいる。この時、遊びを活用すると、次第に打ち解け、話をしてくれるようになる。環境に慣れ、笑顔が見られるようになると、意欲も増す。遊びを通して自信が持て、主体的に取り組むことができるようになる。

キワニスドール（綿を詰めた白無地の人形）やぬいぐるみによるメディカルプレイでは、自分に行われる検査や処置を理解し、徐々に気持ちの上でも病気や治療を受け入れられるようになっていく。目で見て確認できる「頑張りシール」や「入院すごろく」等（林, 2003）の遊びは、治療や退院の見通しが持て、闘病意欲が高まり、前向きに臨むことができるようになる。

このように、遊びは、患児にとって、コミュニケーションや信頼関係づくり、環境への適応、病気や治療の理解、闘病意欲の向上等、重要な意味を持っている。

3. 医療保育士に求められる能力

患児にとって、医療保育士は「痛いこと」や「嫌なこと」をしない安心をもたらす存在である。そして、患児が自己の状態や状況を理解し、入院や治療を受け入れると共に、常に成長発達していくことを支援する存在である。

医療保育士は、患児の心身の状態や状況を把握し、患児にとって適した援助方法を考え、実践することが求められる。そのためには、発育発達状況、疾患の特性、心身の健康状態、親・きょうだいとの関係、治療や処置

に対する理解や思い等、子どもの様子や反応を観察し、見極めることが重要である。

　遊びの援助では、医療処置に臨むための遊び、環境適応に向けた日常に近い遊び、成長発達を促す遊び等、状態や状況に沿った工夫が必要である。これらの遊びの前提には、医療の現場ならではの事故防止と安全な環境づくり、感染予防のための環境整備や対策が必須となる。

　このように、医療保育者には、患児の心身の状態や状況を把握し、状態や状況に沿った援助、遊びを使い分ける技術や能力、環境づくりが求められる。

【引用文献】

Dermond MacCarth. 著・鈴木敦子『入院している幼い子どものこころに安らぎを与えるために』関西子どものケア研究会、1997年

Each Charter, European Association for Children in Hospital. 1988.〈http://www.each-for-sickchildren.〉野村みどり訳『病院のこども憲章』.（http://www.metro-hs.ac.jp/〜nomura/EACH.html）

楢木野裕美「プレパレーションの概念」『小児看護』2006年、29巻5号、pp.542-547

金城やす子・松平千佳「病児の生活・発達支援における保育士の専門性についての検討——HPSの実態を参考として日本の保育士（医療）の教育を考える」『平成16年度特別研究報告』2004年、pp.1-14

帆足英一「医療保育士養成の現状」『小児看護』2009年、32巻8号、pp.1030-1035

中村伸枝「アンケート調査にみられる看護師、病棟保育士の実態と問題点」『チャイルドヘルス』2012年、15号、pp.13-15

原田眞澄「医療保育専門士の資格制定に伴う養成校の課題」『中国学園大学紀要』2007年、pp.97-103

原田香奈・相吉恵・祖父江由紀子『医療を受ける子どもへの上手なかかわり方——チャイルド・ライフ・スペシャリストが伝える子ども・家族中心医療のコツ』日本看護協会出版会、2013年

チャイルド・ライフ・スペシャリスト協会「CLS勤務一覧」

URL　http://childlifespecialist.jp/?page_id=917、2017年4月アクセス

松平千佳『ホスピタル・プレイ入門』pp.7-9、建帛社、2010年

松平千佳『ホスピタル・プレイ・スペシャリストの養成（資料）』静岡県立大学短期大学部HPS養成事業、2015年、pp4

後藤真千子「会長に就任して」子ども療養支援協会通信、2016年、12号、p.13

林裕子「プレパレーションの実践に向けて——医療を受ける子どもへのかかわり方」厚生労働省科学研究費補助金・子ども家庭総合研究事業（第4班コ・メディカル班）『子どもと親へのプレパレーションの実践普及　平成14・15年報告書 別冊』

【参考文献】

飯村直子・江本リナ・川口千鶴・中村伸枝・日沼千尋・平林優子「医療施設における看護師と保育士の連携の実態」『日本小児看護学会誌』2008年、17巻2号、pp.66-72

岡堂哲雄・浅川明子編『病児の心理と看護』中央法規、1987年

小原雅子・伊藤直子・原田香奈「看護師と保育士、チャイルド・ライフスペシャリストとの協働」『小児看護』2009年、32巻8号、pp.1096-1101

後藤真千子「英国の病院にくる子どもたちと子ども中心のケア」『発達』2006年、27巻105号、pp81-85

鈴木裕子「子どもの発達および発達支援の位置づけとその特徴　保育士養成課程において」『小児看護』2009年、32巻8号、pp.1041-1045

能澤ひかる「病棟保育士・子ども療養支援士から見た病棟の子どもたちの心理的変化」『お茶の水女子大学心理臨床相談センター紀要』2014年、16号、pp.25-34

古谷妙子・Margaret S. Steward 著『幼児の病気経験と学習——「こどものからだ」図版にみられる』ブレーン出版、1981年

山北奈央子・浅野みどり「看護師と医療保育士の子どもを尊重した協働における認識——医療保育士の専門性に焦点をあてて」『日本小児看護学会誌』2012年、21巻1号、pp.1-8

Barbara F. Weller "Helping Sick Children Play" Bailliere Tindall, 1980.（邦訳：大阪府立看護短期大学発達研究グループ訳『病める子どもの遊びと看護』医学書院、1988年）

Richard H. Thompson, Gene Stanford "Child Life in Hospitals:Theory and Practice" Charles C. Thomas Pub Ltd, 1981.（邦訳：小林登監修・野村みどり監訳・堀正訳『病院におけるチャイルドライフ——子どもの心を支える"遊び"プログラム』中央法規、2000年）

(にしやま・さとり)

幼児教育における主体的学びとは

原　孝成

第1節　幼稚園教育要領、保育所保育指針、幼保連携型認定こども園教育・保育要領の改訂・改定に伴う幼児教育の位置づけ

　2017年（平成29）年に「幼稚園教育要領」の第5次改訂、「保育所保育指針」の第4次改定、「幼保連携型認定こども園教育・保育要領」の第1次改訂が実施された。今回の「幼稚園教育要領」で改訂のポイントとしては、

　　（1）幼児教育におけるカリキュラム・マネジメント
　　（2）幼児期において育みたい資質・能力の三つの柱
　　（3）幼児期の終わりまでに育ってほしい姿
　　（4）幼児期にふさわしい評価の在り方
　　（5）「主体的・対話的で深い学び」の実現

などが盛り込まれた点と言える。

幼児教育の目標・ねらい ── 資質・能力の三つの柱究

　まず、《（2）幼児期において育みたい資質・能力の三つの柱》には、「生きる力の基礎」となる「知識・技術の基礎」、「思考力・判断力・表現力等の

図表1　資質・能力の三つの柱の幼児教育から小学校以降の教育への接続

幼児教育	小学校以降の教育
遊びや生活の中で、豊かな体験を通じて、感じたり、気付いたり、分ったり、できるようになったりする「知識・技能の基礎」	「生きて働く『知識・理解』の習得」
気付いたことやできるようになったことを使いながら、考えたり、試したり、工夫したり、表現したりする「思考力・判断力・表現力等の基礎」	「未知の状況にも対応できる『思考力・判断力・表現力等』の育成」
心情・意欲・態度が育つ中で、よりよい生活をつくり出そうとする「学びに向かう力、人間性等」	「学びを人生や社会に生かそうとする『学びに向かう力、人間性等』の涵養」

出典：［幼稚園教育要領、2017］を基に筆者作成

基礎」、「学びに向かう力、人間性等」の三つが示されている。

前の「幼稚園教育要領」では、「生きる力の基礎となる心情・意欲・態度の育ち」とされていたものが、このように改訂された。そして、①遊びや生活の中で、豊かな体験を通じて、感じたり、気付いたり、分ったり、できるようになったりする「知識・技能の基礎」、②気付いたことやできるようになったことを使いながら、考えたり、試したり、工夫したり、表現したりする「思考力・判断力・表現力等の基礎」、③心情・意欲・態度が育つ中で、よりよい生活をつくり出そうとする「学びに向かう力、人間性等」とより具体的に資質・能力とは何かについて示されている（**図表1**）。

上記に示しているように、幼児教育における三つの柱は、小学校以降の教育と連続していることがわかる。

幼児期の終わりまでに育ってほしい10の姿

次に、《(3)幼児期の終わりまでに育ってほしい姿》には、「健康な心と体」「自立心」「協同性」「道徳性・規範意識の芽生え」「社会との関わり」「思考力の芽生え」「自然との関わり・生命尊重」「数量・図形、文字等への関心・感覚」「言葉による伝え合い」「豊かな感性と表現」の10の姿が示されている。

10の姿は、幼児期の終わり、具体的には、幼稚園（保育所、認定こども園）を卒園する時までに育ってほしい姿であり、幼児教育における「目標」と言える。ただし、この目標は達成目標ではなく、育ってほしい姿であり、「健康な心と体」「自立心」「協同性」……など10の姿の多くは決して幼児期のみの課題ではなく、人生という長いスパンの中でそれぞれの発達過程において求められるものと言える。例えば、幼児期の終わりに求められる姿として「自立心」があるが、「自立心」は幼児期のみ存在する課題ではなく、「学童期」や「青年期」、場合によっては「成人期」に求められる「自立心」も存在する。

　この資質・能力の「三つの柱」と「育ってほしい10の姿」は、ともに幼児教育における「ねらい」を示したものと言える。育ってほしい10の姿を具体的に示すことで、次に述べる評価において、子どもの育つ姿を園の職員間で共有しやすくなるとともに、幼児教育を行う施設間や幼児教育を行う施設と小学校間の、共通理解を図りやすくなるともいえる。

幼児教育における評価の視点

　《(4) 幼児期にふさわしい評価の在り方》としては、評価の視点として、「何ができるようになるか」「何を学ぶか」「どのように学ぶか」「個々の子どもの発達をどのように援助するか」「何が身に付いたか」「実施するために何が必要か」などの評価の視点が示されている。

　ここで重要なのは、「何ができたか」ではない、という点である。先に示したように、幼児教育における「ねらい」は、達成目標ではない。そのため、その評価の視点も「できたか、できなかったか」というような達成評価ではなく、「何ができるようになるのか」「何を学ぶのか」「どのように学ぶのか」など、そのプロセスを評価することと、「個々の子どもの発達をどのように援助するか」「何が身に付いたか」「実施するために何が必要か」などの、そのための保育者の関わりが、評価の視点として取り入れられている。

主体的・対話的で深い学び

《(5)「主体的・対話的で深い学び」の実現》としては、PDCAサイクル、人的・物的資源の活用、アクティブラーニングなど、具体的な手立てが示されている。

ここで、＜主体的学び＞とは、「周囲の環境に興味や関心を持って積極的に働き掛け、見通しをもって粘り強く取り組み、自らの遊びを振り返って、期待を持ちながら、次につなげる」姿であり、＜対話的学び＞とは、「他者との関りを深める中で、自分の思いや考えを表現し、伝え合ったり、考えを出し合ったり、協力したりして自らの考えを広げ深める」姿であり、＜深い学び＞とは、「直接的・具体的な体験の中で、『見方・考え方』を働かせて対象と関わって心を動かし、幼児なりのやり方やペースで試行錯誤を繰り返し、生活を意味あるものと捉える」姿と、考えられている。

幼児教育における「遊び」と「学び」がイコールであることは、従来の幼児教育の考え方と全く変わっていない。ここでは、「遊び」の中で子どもが何を感じ取り、何を考え、何を体験し、何に挑戦し、何を表現しようとしたかという、子どもの「遊びの中の学び」の姿を、保育者自身が意識化するとともに、それを言語化して他者と共有できるようにし、それを踏まえて、保育という活動に取り組んでゆくことの重要性を示していると言える。

幼児教育におけるカリキュラム・マネジメント

最後に、説明の順が逆になるが、《(1)幼児教育におけるカリキュラム・マネジメント》とは、以上に述べてきた(2)、(3)のねらいを具体的にし、(4)の評価の視点を明確にし、(5)ねらいや評価の視点を考慮しながら具体的に手だてを考え、実践していくというプロセスを、長期的見通しをもって行っていくことと言える（**図表2**）。

教育目標や保育目標の設定は、全体的な計画（教育課程、保育課程、教育・保育課程）を立てるうえでも軸となるものである。また、目標を基盤としながら子どもたちにどんな姿になってほしいのか、そのために、自分

終章 ―― 幼児教育における主体的学びとは

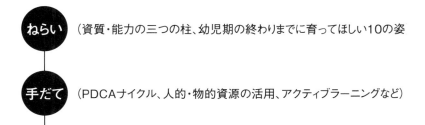

図表2　幼児教育におけるカリキュラム・マネジメント

出典：[幼稚園教育要領、2017] を基に筆者作成

たちがどのように関わりを持っていくかを評価する視点を持たずにいれば、自らの保育という営みがぶれてしまうことにもなりかねない。そして、それら目標や評価の視点を具体化していく手だてを考えていく際に、子どもの「遊び＝学び」を捉えていく見方が、主体的・対話的で深い学びであると言える。

　以上のように、今回の改訂・改定においては、幼児教育をどう捉えるかという基本的な考え方が、かなり明確に示された点が重要だと言える。

　「保育所保育指針」においても、保育所が「幼児教育を行う施設」として位置づけられ、「育みたい資質・能力」や「幼児期の終わりまでに育ってほしい姿」などは、「幼稚園教育要領」と対応するようになっている。

　もちろん、「幼保連携型認定こども園教育・保育要領」においても、「幼稚園教育要領」や「保育所保育指針」と、すり合わせが行われている。

　このように、2017年の改訂・改定により、「幼児教育」つまり「子どもの学び」に重要性が確認された。子どもが何を学んでいるのか、どのように学んでいるのか、何ができるようになるのかを、保育者がどのように理解し、実践していくかが重要である。

第2節　幼児教育における主体的学びとは

「主体的」とは

「幼稚園教育要領」の「第1章 総則 - 第1 幼稚園教育の基本」には、

> このため教師は、幼児との信頼関係を十分に築き、幼児が身近な環境に主体的に関わり、環境との関わり方や意味に気付き、これらを取り込もうとして、試行錯誤したり、考えたりするようになる幼児期の教育における見方・考え方を生かし、幼児と共によりよい教育環境を創造するように努めるものとする。

とある。また、「保育所保育指針」の「第1章 総則 - 1 保育所保育に関する基本原則」の「(3)保育の方法」には、

> オ　子どもが自発的、意欲的に関われるような環境を構成し、子どもの主体的な活動や子ども相互の関わりを大切にすること。特に、乳幼児期にふさわしい体験が得られるように、生活や遊びを通して総合的に保育すること。

とある。さらに、「幼保連携型認定こども園教育・保育要領」の「第1章 総則 - 第1 幼保連携型認定こども園における教育及び保育の基本及び目標等」の「1 幼保連携型認定こども園における教育及び保育の基本」には、以下のような一文がある。「幼稚園教育要領」とほぼ同じ構成である。

> このため保育教諭等は、園児との信頼関係を十分に築き、園児が自ら安心して身近な環境に主体的に関わり、環境との関わり方や意味に気付き、これらを取り込もうとして、試行錯誤したり、考えたりするようになる幼児期の教育における見方・考え方を生かし、その活動が豊かに展開されるよう環境を整え、園児と共によりよい教育環境を創造するように努めるものとする。

ここでいう「主体的」な活動とは、どのような活動なのだろうか。
　「主体的」に似た言葉に「自主的」がある。例えば、「保育所保育指針」では、「第1章 総則‐1 保育所保育に関する基本原則」の「(2)保育の目標　ア」のうち、(ア)(イ)に続いて、

> (ウ)　人との関わりの中で、人に対する愛情と信頼感、そして人権を大切にする心を育てるとともに、<u>自主</u>、自立及び協調の態度を養い、道徳性の芽生えを培うこと。

とある。また同じく「保育所保育指針」の「第2章 保育の内容‐4 保育の実施に関して留意すべき事項」の「(1)保育全般に関わる配慮事項」に、

> イ　子どもの健康は、生理的・身体的な育ちとともに、<u>自主性</u>や社会性、豊かな感性の育ちとがあいまってもたらされることに留意すること。

とある。つまり、2カ所に「自主」という言葉が出てくる。
　また、「幼保連携型認定こども園教育・保育要領」では、「第2章　ねらい及び内容並びに配慮事項」の「第4　教育及び保育の実施に関する配慮事項」の「2」のうち、「(1)」に続く、

> (2)　園児の健康は、生理的・身体的な育ちとともに、<u>自主性</u>や社会性、豊かな感性の育ちとがあいまってもたらされることに留意すること。

という1カ所に「自主」が使われている。
　ちなみに、改訂前の「幼稚園教育要領」では、「自主」という言葉は使われていなかったが、改訂後の「幼稚園教育要領」の「前文」には、以下の一文が入った。

> 2　個人の価値を尊重して、その能力を伸ばし、創造性を培い、<u>自主</u>及び自律の精神を養うとともに、職業及び生活との関連を重視し、勤労を重んずる態度を養うこと。

　三つの要領・指針ともに「自主」という言葉が使われており、まずこれが<u>重要</u>ということが読み取れる。

「自主」は、自立（自律）や社会性とならんで使われていることからも、「特定の目標に向かった行動を速やかに行うことや、やるべきことを人に言われる前にやること」といった内容を含むことが推察される。
　つまり、「自主的活動」とは、「やるべきことを進んでやる」というニュアンスが含まれている。言い換えると、「自主的活動」とは、やることは決まっていて、それを進んでやることであり、挨拶（あいさつ）などの社会的スキルや折り紙の折り方など、遊びに関わる技術はこれにあたる。
　それに対して、「主体的」とは「何をするかを自分で考えてやる」というニュアンスが含まれている。「主体的に活動する」というときは、何をするかは決まっておらず、子ども自身に決定権がある。その活動の結果は、子ども自身の責任となる。子どもの「遊び」にとって重要なことは、何か決められたことをやる活動ではない。自分でやりたいことを考えて、自分からやろうとする活動であることが重要だと言える。

主体的学びを育むためには

　「**自主的学び**」を育てるためには、できなかったことが自分でできるようになることが必要である。そのため、保育者の関わりとしては、やり方を教える、モデルを見せる、できたことは褒（は）めることが、重要となる。挨拶や生活習慣など多くの社会的スキルと言われるものは、これに当たる。
　それに対して、「**主体的学び**」を育てるためには、子どもが自分で考え、自分で決定し、自分で活動していく力を育てることが重要となる。そこで重要となる保育者の関わりは、子どもに任せてみる、やらせてみる、（手を出さずにあえて）見守る、ということとなる。
　以下の**事例**は、ある幼稚園で行われていたボール運びの活動の様子である。これは5歳児クラスと4歳児クラスの合同の活動である。

〔事例〕
5歳児クラスと4歳児クラスの合同のボール運びゲーム
（運動会で以前に体験したことのあるゲーム）

◎ゲーム１回目
　５歳児クラスを２チームに振り分け、それぞれに４歳児クラスを入れる。
　ボールを頭の上を通して後ろに送るゲーム。

◎白チームの勝ち
　赤チームは、一部ゲーム集中できていない子がいた。白チームはすでに終わったが、赤チームはそれでもうまくボールを送れない。

◎作戦会議
　白チーム、赤チームそれぞれに分かれて、次にどうすればいいか、作戦会議をする。保育者は答えを言わない。
　５歳児を中心にどうしたらよいか考える。
　　　Ａ「下を向いていたからボールが落ちた」
　　　Ｂ「まっすぐおくる、はなれちゃうと落ちちゃう」
　　　Ｃ「はやくおくる」
　などの発言がある。

◎ゲーム２回目
　また白チームの勝ちだが、赤チームも早くなり接戦となる。

◎ゲーム終了後作戦会議から
　　Ｔ「おふざけしない、まっすぐ渡す、右や左を見ないでまっすぐ見ることが大切」ということを、担当保育士がリフレクションを行う。

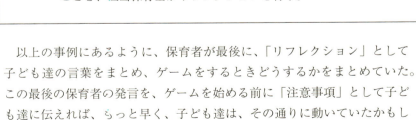

　以上の事例にあるように、保育者が最後に、「リフレクション」として子ども達の言葉をまとめ、ゲームをするときどうするかをまとめていた。この最後の保育者の発言を、ゲームを始める前に「注意事項」として子ども達に伝えれば、もっと早く、子ども達は、その通りに動いていたかもしれない。

しかしそれは、「主体的な学び」と言えない。作戦会議で子ども達がすることは、保育者が指示するよりもはるかに時間がかかるし、保育者が希望する発言は出てこないかもしれない。しかしながら、子どもが「主体的に」課題に取り組む姿そのものが、何よりも重要だと言える。

【参考文献】
　厚生労働省『保育所保育指針＜平成20年告示＞』フレーベル館、2008年
　厚生労働省『保育所保育指針＜平成29年告示＞』フレーベル館、2017年
　民秋言・西村重稀・清水益治・千葉武夫・馬場耕一郎・川喜田昌代『幼稚園教育要領・保育所保育指針・幼保連携型認定こども園教育・保育要領の成立と変遷』萌文書林、2017年
　内閣府・文部科学省・厚生労働省『幼保連携型認定こども園教育・保育要領＜平成26年告示＞』フレーベル館、2014年
　内閣府・文部科学省・厚生労働省『幼保連携型認定こども園教育・保育要領＜平成29年告示＞』フレーベル館、2017年
　文部科学省編『幼稚園教育要領＜平成20年告示＞』フレーベル館、2008年
　文部科学省編『幼稚園教育要領＜平成29年告示＞』フレーベル館、2017年
　無藤隆・『新教育課程ライブラリ』編集部編『中教審答申解説2017「社会に開かれた教育課程」で育む資質・能力』ぎょうせい、2017年
　無藤隆・汐見稔幸・砂上史子『ここがポイント!3法令ガイドブック―新しい「幼稚園教育要領」「保育所保育指針」「幼保連携型認定こども園教育・保育要領」の理解のために』フレーベル館、2017年

（はら・たかあき）

あ と が き

　『子ども学がやってきた』、なんと素晴らしい、ネーミングだろう。
　子どもと顔が合うと、目を見つめられる体験をした人は多いのではないか。子どもの目を見るといつも輝きに驚かされると同時に、何を考えているのだろうか、何を不思議に思っているのだろうかと考えてしまう。
　日頃の生活の中で、大人ですら分らないことが多いことを思えば、子どもたちの「なんだろう？」「不思議だな？」は当然であり、子どもたちの好奇心は留まるところを知らない。
　皆さんも「子ども学」って何だろう、「子ども学」ってどんなことを学ぶのだろうかと、目を輝かせているのではないだろうか。子どもが大好きで、子どもと共に生活する保育者を夢見て、目白大学人間学部子ども学科に入学した皆さんに、今まさに「子ども学」がやってきたのである。
　この本は主に、2年次生の必修科目「子ども学基礎セミナー」での活用を期待して創られた。この「子ども学基礎セミナー」は3年次以降の「子ども学専門セミナー」、「子ども学特別セミナー」、「卒業研究」につながる重要な科目であり、子ども学を学ぶ入門として位置づけている。
　そのために、子ども学科に関わりのある教員が総力を挙げてそれぞれの専門分野について紹介したものであり、本書が皆さんの子どもに対する疑問を解く鍵となれば幸いである。
　目白大学子ども学科に「子ども学」の誕生である。
　「『子ども学』がやってきたぞ～」と叫びたくなるような本である。

　　2017年11月吉日

本間　玖美子

制作委員・執筆者紹介

[『子ども学がやってきた』制作委員]
　髙橋 弥生（たかはし・やよい）　執筆者紹介参照
　青木　豊（あおき・ゆたか）　執筆者紹介参照
　和田上 貴昭（わだがみ・たかあき）　執筆者紹介参照
　山中 智省（やまなか・ともみ）　目白大学 人間学部子ども学科 専任講師

[執筆者紹介]〔50音順、（ ）内は専門分野〕

青木　豊　　　　　　　　　　　　　　　　　　　　　　[第2章]
目白大学 人間学部子ども学科 教授（乳幼児精神医学・保健）

井門 彩織（いもん・さおり）　　　　　　　　　　　　[第7章]
目白大学 人間学部子ども学科 専任講師（人間動植物関係学）

おかもと みわこ　　　　　　　　　　　　　　　　　　[第6章]
目白大学 人間学部子ども学科 教授（芸術学）

髙橋 弥生　　　　　　　　　　　　　　　　　　　　　[第3章]
目白大学 人間学部子ども学科 学科長・教授（保育学）

西山 里利（にしやま・さとり）　　　　　　　　　　　[第8章]
目白大学 人間学部子ども学科 准教授（小児保健・小児看護学）

原　孝成（はら・たかあき）　　　　　　　　　　　　　[終章]
目白大学 人間学部子ども学科 准教授（保育学・発達心理学）

福永 知久（ふくなが・ともひさ）　　　　　　　　　　[第1章]
目白大学 人間学部子ども学科 助教（子どもの保健・小児看護学）

本間 玖美子（ほんま・くみこ）　　　　　　　　　　　[第4章]
目白大学 人間学部子ども学科 教授（体育学）

三森 桂子（みつもり・けいこ）　　　　　　　　　　　[第5章]
目白大学 人間学部子ども学科 教授（音楽教育学）

和田上 貴昭　　　　　　　　　　　　　　　　　　　　[序章]
日本女子大学 家政学部児童学科 准教授（社会福祉学）

子ども学がやってきた

2017年12月25日　初版第1刷発行

編著者　髙橋 弥生

発行者　菊池 公男

発行所　株式会社 一藝社
〒160-0014　東京都新宿区内藤町1-6
TEL.03-5312-8890
FAX.03-5312-8895
振替　東京　00180-5-350802
e-mail:info@ichigeisha.co.jp
HP:http://www.ichigeisha.co.jp

印刷・製本 シナノ書籍印刷株式会社

©Yayoi Takahashi
2017 Printed in Japan
ISBN978-4-86359-132-5　C3037
落丁・乱丁本はお取り替えいたします